Dominik Riedo
Das ungezähmte Seepferd

Dominik Riedo

Das ungezähmte Seepferd
oder

Vom Überhandnehmen des Erzählers

Roman

OFFIZIN

Der Autor dankt für die Unterstützung:
Hamburger Stiftung zur Förderung von Wissenschaft und Kultur

Impressum

© 2016 OFFIZIN Zürich Verlag GmbH

Alle Rechte vorbehalten.
Kein Teil dieses Buches darf ohne schriftliche Genehmigung des Verlags reproduziert werden, insbesondere nicht als Nachdruck in Zeitschriften oder Zeitungen, im öffentlichen Vortrag, für Verfilmungen oder Dramatisierungen, als Übertragung durch Rundfunk oder Fernsehen oder in anderen elektronischen Formaten. Dies gilt auch für einzelne Bilder oder Textteile.

Umschlaggestaltung:	Stephan Cuber, diaphan gestaltung, Bern
Lektorat:	Christine Krokauer, Würzburg
Gestaltung und Satz:	Stephan Cuber, diaphan gestaltung, Bern
Druck und Einband:	CPI books GmbH, Ulm
Verwendete Schriften:	Adobe Garamond Pro, Mexcellent
Papier:	Umschlag, 135g/m², Bilderdruck glänzend, holzfrei; Inhalt, 90g/m², Werkdruck bläulichweiss, 1,75-fach, holzfrei

ISBN 978-3-906276-42-7
Printed in Germany

www.offizin.ch

Für Marilin, sei wohl

«Die Tiefe muss man verstecken. Wo?
An der Oberfläche.»
Hugo von Hofmannsthal

«Solang der Schöpfertaumel gährte,
Solange war ich stolz und froh,
Bis eines Tages sich erwährte:
– Du schufst! Nun sei auch dumm und roh!»
Carl Albert Loosli

«VERBA VOLANT, SCRIPTA FLUUNT.»
VÉRA

Was macht uns Menschen so traurig? Abertausende Tränen fliessen jeden Tag auf der Erde. Müssten nicht längst alle Meere überquellen?

Dies ist die Geschichte von der Frau, die auf dem Felsen sitzt und weint, die Tropfen rinnen ihr langes Haar entlang. Sie schüttelt den Kopf, wirft den Stein, den sie lange in der Hand gehalten hat, ins Wasser, steht auf und folgt weiter ihrem Weg.

Es ist die Geschichte der Verwunderung darüber, wo all das bleibt, was wir in die Welt streuen: ausgegangene Haare, abgeknabberte Fingernägel, verlorene Träume. Es ist die Geschichte darüber, dass es Menschen gibt, die sich noch wundern mögen und Geschichten erzählen von Menschen, denen sie begegnet sind.

Es gab einmal eine Zeit, da lebte eine nicht mehr ganz junge Frau in einem kleinen Ort in der Nähe der zweitgrössten Stadt ihres Landes. Selten verliess sie das Dorf, und wenn, dann am ehesten auf einem Fischkutter ins Meer hinaus, nur, um am Abend wieder in ihre Wohnung im Dorf zurückzukehren. Volle Segel, leere Segel. Das war schon immer so.

Sie mochte es, vom Boot aus ins Wasser zu blicken und sich selbst im wellenbewegten Spiegel zu sehen. Sie mochte die Gestalten, die selten etwas sagten, nur auf das Meer hinausblickten, die Netze einholten und ihre Arbeit verrichteten. Sie mochte das Meer. Wir wollen sie Véra nennen.

Unsere Véra soll am 31. Dezember 1979 auf dem Weg in jene zweitgrösste Stadt ihres Landes geboren worden sein. Eine Postkarte, die vor mir liegt, wird der Schönheit des Örtchens wohl nicht gerecht: dem sanften Bogen einer Kuppe, den Birken im Park, weissen Hauswurzen auf den Dächern der mittelalterlichen Häuser. Wir ahnen immerhin, dass ein neugieriges Mädchen sich dort die ersten Jahre einigermassen heimisch fühlen konnte.

Véras Mutter schaffte es der Legende nach an jenem Tag nur gerade bis zum Bahnhof, wo sie es sich anders überlegte. Im Lokal gegenüber soll sie einen Mann gesehen haben, der ihr besser gefiel als der, der zu dieser Zeit auf dem Meer war und dessen Leben sie zum Teil in sich trug. Zum Glück war im Wartesaal gerade ein allgemein praktizierender Arzt zugegen, dem zu seiner Erleichterung bald von einer herbeigerufenen Hebamme assistiert wurde. Deren geschickten Händen und dem anscheinend unverwüstlichen Körper ihrer Mutter verdankt es Véra, dass sie an jenem Silvestertag doch noch das Licht der Welt erblickte.

Der alte Knugge zeigte mir einmal das Büchlein, das er seit unerdenklichen Zeiten über die Tagesgeschehnisse in seinem Dorf führt, wenn er nicht gerade trinkt oder zur Kirche geht, wo er jedes Mal bitterlich flucht, aber vom Pfarrer trotzdem immer wieder hereingewunken wird. So ereignislos verlaufen die Tage da anscheinend, dass die Sammlung oft nur kurze Wetterbeschreibungen enthält und die Angaben über den Fischfang. So aber bin ich in der Lage mitzuteilen, dass es ein schöner, windstiller Morgen war, als Véra geboren wurde, und zwölf Grad Celsius. Eine Ausnahme für diese Zeit – selbst dort oben.

Als Véra etwa acht Jahre alt war, verliess die Mutter den Vater eines Tages so plötzlich, wie ein Regentropfen zur Spitze eines Fliederblattes hinuntergleitet. Sie war Schweizerin und hatte Sehnsucht nach den Bergen. Sie fand sie in den Kuhaugen eines anderen Mannes, der an der nördlichen See lebte und immer am 1. August sein Fähnchen Richtung Himmel raushängte. Es war jeweils ihr schönster Tag. Aber ob sie dort sonst glücklich wurde? Man mag sich fragen, was sie in ihrem ersten Mann gesehen hatte: Die Romantik des Sonnenaufgangs auf hoher See? Später roch sie nur noch den Fischgeruch aus seinen Kleidern, an den Händen, am Körper.

Véra erinnert sich an ihre Mutter vor allem durch

die Geschichten über die Flussjungfrauen, die sie dem kleinen Mädchen schon bald erzählte. Nie Meerjungfrauen, immer waren es Flussjungfrauen.

Der erste Eindruck Véras von ihrem Vater bleibt hingegen der jeweils atemlose Augenblick, da er sie im Wattenmeer unversehens aus dem Wasser emporriss, während sie noch einen Wasserkessel in der Hand hielt und ihr Köpfchen von kristallinen kleinen Tropfen perlte. So plötzlich, wie er sie hochhob, setzte ihr Vater sie immer wieder ab, in das von oben dunkel giftgrüne Wasser, in dem Monster lebten, den Moment lang, als sie oben schwebte. War sie unten, vermochte sie ganz gelassen weiterzuspielen.

Ansonsten verliefen Véras frühe Tage, wie sie am Meer zu verlaufen pflegen: mal stürmisch, mal ruhig, meist salzig. Wobei der Salzgehalt jenem des Randmeeres glich, an dem das Dorf lag: Die Ausfahrten aufs Meer kamen selten, und den üblichen Trott schrieb sie nach sechzehn Tagen nicht mehr in ihr Tagebuch, das ihr der Nikolaus irgendwann einmal überreicht hatte.

Die wenigen Ausnahmen der Alltagsmühlen waren zumeist trauriger Natur. Etwa der Tag, an dem der stockhagelvolle Ottokar Orlowa in Barrys Hundenapf ertrank, der sich daraufhin unter Schuldgefühlen einige Wochen später selbst ersäufte. Die Geschichte war den

Zeitungen und Magazinen des Landes noch Jahre später immer wieder einen Bericht wert.

«Warum unter Schuldgefühlen?», pflegten die Journalisten den alten Knugge etwa zu fragen, wenn sie wie verlorene Gestalten endlich die richtige Hütte am Meer gefunden hatten. «Wie wissen sie das?»

«Barry liess die Schultern danach so hängen ...», antwortete der in seiner eigentümlich gelassenen Art.

Die Zeitungsmenschen glaubten ihm nie ganz – und brachten es doch immer wieder, am Jahrestag.

Ach, Ottokar Orlowa vom Memelland. Er erzählte zu gern, wie er damals den letzten Dampfer erwischt habe, bevor die Russen gekommen seien, die er doch in seiner Familie hatte, was sein eierhafter alliterarischer Name besagte ... Nun, auch er ist in Véras Erinnerung nur noch eine Schattengestalt. Ein junges Mädchen gewesen zu sein ist zwanzig Jahre später ebenso phantastisch wie der Traum, eines Tages eine reiche alte Hexe zu sein.

Zudem beschäftigte sie ein anderer Tod schon als Kind weitaus mehr. Es war ein heller Sommertag, die Frauen gossen die Blumen, die Männer liefen im Unterhemd herum, das die Schweissbäche zu beiden Seiten aufsog, als sich Pirata ihr ein letztes Mal auf die Brust setzte. Ein letztes Mal kroch er vorsichtig hoch, rutschte nur leicht ab, die Krallen fingen die fliehende Tatze gerade noch, dann legte er sich behutsam und ganz langsam nieder, schaute ihr wie immer in die Augen, lange, lange, bis seine Lider sich ein paar Mal fast schlossen, zu engen Schlitzen erdrückt. Ein letztes Mal hatte er ihren Herzschlägen nachgehorcht, sie gespürt, beruhigt, zutraulich. Um dann sein Leben sprichwörtlich in ihr spitznasiges Gesicht auszuhauchen. Seither war ihr der Tod ein Druck auf der Brust.

Sie entsann sich auch der Tage, da sie ihren Bruder beneidete: Der durfte sich mit zehn Jahren stolzer Besitzer eines Fahrrads nennen. Sie versuchte damals immer wieder, mit dem gemächlich in die Pedale tretenden Körper Schritt zu halten. Aber ebenso gemächlich fuhr der stets davon. Der Schatten auf dem Rad jagte dem Schatten mit den kurzen Beinen davon. Immer war er ihr eine Nasenlänge voraus. Aber der Vater bestand darauf, dass es ein Fahrrad erst mit zehn Jahren gab. Später bemitleidete Véra ihren Bruder Miky, der mit einer Frau verheiratet war, die ihn offen betrog, mit der er aber ein Kind hatte – und blieb. *Bezieht sich auf beides, liebe Marilin.* Seinen Frust ächzte er allabendlich im Fitness-Center ab. Er bestand fast nur noch aus Muskeln. So kam es Véra zumindest vor, wenn sie ihn umarmte. Ob er als Kleinkind in Mädchenkleider schlüpfen musste, weil die Mutter ein Mädchen wollte? Véra sah es auf alten Fotos. Und war sie nur deswegen überhaupt da, weil Miky kein Mädchen wurde?

Mit einem leichten Schauern auf der Haut dachte sie zuweilen auch an die Episode mit der Süsswasserwelt: Wenn sie sich damals einen springenden Wasserlauf genau ansah, die einzelnen Spritzer, die hochfliegenden Tropfen, war sie sich sicher, dass sie deren Windungen nachahmen könne. Sie zeigte es daraufhin einmal in der Schule an einem Theaterabend. Sie wurde von ihren Mitschülern schallend ausgelacht. Nur die Lehrerin tätschelte mitleidsvoll ihren Kopf und die Erwachsenen waren höflich mit seltsamen Blicken. An jenem Abend begriff Véra, dass die Unterschiede zwischen ihrer Ausdrucksweise und der ihrer Mitmenschen mit dem Unterschied eines Steinway-Flügels und einer Kinderrassel verglichen werden konnte. Flügel und Rassel, weich und hart.

Den Flügel spielte sie bei ihrer Klavierlehrerin, Frau Spitteler, die den schwarzen Riesen nach jeder Schülerin liebevoll mit einem Speziallappen abwischte. Sie hatte ihren Mann im Zweiten Weltkrieg verloren und danach nie mehr geheiratet. Das Klavierspiel gab ihr das Lachen, die Schülerinnen ersetzten ihr die fehlenden Enkelkinder. Véra liebte es, Frau Spitteler hinter dem Flügel sitzen zu sehen. Wenn sie nach den Stunden noch ein wenig blieb, um ihr beim Spielen zuzuhören, dachte sie an springende Forellen und tauchende Blesshühner. Und der offene schwarze Flügel wurde zum wunderbaren Guckkasten der tief versteckten Gefühlswelt.

Die Rassel aber schwang Véra jeweils an Fasching. Allerdings nur beim alten Knugge, bei dem sie an jenen Tagen stundenlang zu sitzen pflegte. Das war schon so, als sie noch klein war. Der Vater wollte in diesen Nächten auf die Mutter achtgeben. Und Véra musste also irgendwo bleiben, zusammen mit ihrem Bruder. Aber sie kam auch, als ihr Bruder nicht mehr dabei war und sie selbst längst alt genug gewesen wäre, sich an Fasching auf spezielle Art zu vergnügen. Sie wusste selbst nicht genau, wieso. An den Leckereien, die er ihr jeweils bereitstellte, der alte Knugge, Bananen, Nüsse, Schokolade, lag es auf jeden Fall nicht. Vielmehr spürte sie, dass es für ihn etwas Spezielles gab, in diesen Wintertagen. Abends trank er dann jeweils nicht. Es waren seine nüchternsten Tage. «Ich will allein zugrunde gehen», meinte er dazu meist. «Damit mich die grüne Wasserfee ganz für sich hat.» Und dann begann er zu singen. Von Riesenkraken und roten Teufeln. Von Seeschlangen, die sich um Jungfrauen wickelten, und davon, wie das Salz ins Meer kam. Dazwischen rasselte Véra aus Leibeskräften. Das sollte die bösen Geister vertreiben, hustete Knugge in seinen Bart, die er sonst nicht sehe, oder die ihm nichts taten, wenn er schwankte. Schwankte wie sein Kraweel, das er sich in jungen Tagen selbst zusammengebaut hatte, in Miniaturform, gerade gross genug für zwei Passagiere. Oder einen Sarg.

«Auf dem schiff mich dann mal aufs Meer hinaus, Melusinchen, wenn es Zeit ist ...», meinte er jeweils, wenn er zum Abschied sein Lied von den Sirenen gesungen hatte. Mit einer hohen Stimme, die man ihm nicht zutrauen würde, wenn man ihm das erste Mal gegenüberstand.

Ja, es waren gute Zeiten bei ihm. Er war einer der wenigen Menschen, dem sie sich noch offenbaren mochte. Und sie würde stets an ihn denken, wenn sie von Schiffen hörte. Von einem Kraweel, von Dschunken oder Korvetten. Da besonders. Denn Knugge war in der DDR kurze Zeit Korvettenkapitän gewesen, drüben. Was aber mit dem Meer nichts zu tun hatte, damals. Zumindest bedeutete der Job nicht, dass er aufs Meer kam. Aber das interessierte heute niemanden mehr. Lieber hörten sie alle seine sonstigen Anekdoten, herzerweichende Geschichten, die sonst keiner mehr so erzählte. Und die man von ihm hören musste, um mitfühlen zu können. Oder davon, dass die Menschen ihren Tieren Semmeln fütterten, als die nicht mal mehr zwei Pfennige kosteten.

Ach, hart und weich, Rassel und Flügel, Vogel und Fisch. Welchen besonderen Tagen sann Véra noch nach? Es gab Schulreisen, es gab Ferienlager. Und es gab den Tag, an dem man ihr verbot, nach Hause zu gehen. Der Tag, an dem die Brust sie fast zerriss vor Schmerz.

In die Totenkapelle wurde sie dann gelassen, obwohl sie mit 14 Jahren noch zu klein war, das Gesicht des Vaters zu sehen, im offenen Sarg auf dem Katafalk. Wer würde sie hochheben? Der alte Knugge. Seither nahm sie ihn zum Ersatzvater. Obwohl sie bei Tante Hilde leben musste, einen Kilometer weg, auf dem Land. Doch nun hatte sie ein Fahrrad. Der Bruder zog es vor, zum Militär zu gehen.

Im Testament des Vaters aber stand nur ein Fluch: Es sei bei Verdammung aller am Begräbnis Beteiligten verboten, ihn vor der Kremation zu frisieren. So lag er dann mit verstrubbelten Haaren im Sarg. Véra zerzauste es ihm noch ein bisschen mehr, nachdem sie das Verlesen des Testaments mitgehört hatte. Dank dem alten Knugge! *Aber warum lag er dort, ihr Vater, wenn er doch kremiert wurde?*

Zur kleinen Bucht, die der Vater so gerne gehabt hatte, mochte sie seither nicht mehr spazieren. Dort hatte er sich entschieden, seine zukünftige Frau zu heiraten. Dort überkam ihn der Wunsch, Kinder zu haben. Und dort schliesslich setzte er seinem Leben ein Ende. Kettete seinen Fuss bei Sonnenaufgang eng an einen schweren Stein, warf den Schlüssel ins Meer und ruderte sich mit der Last am Bein hinaus in die Bucht, wo er den Stein ins Wasser stiess. Eine Schwimmboje band er sich zuvor noch um den Hals. Damit man ihn auch bestimmt fände, sobald der Bürgermeister den Brief erhalten haben würde.

Hat er es bereut, als der Stein ins Wasser tauchte und das Seil ihm noch drei Sekunden Zeit gab, nachzudenken, bevor der kurze Kampf mit dem giftgrünen Monster begann?

Eine Woche später wurde er eingeäschert, ein Gottesdienst unter Zuhilfenahme einiger zweideutiger Aussagen abgehalten, und Véra durfte mit Knugge in die Mitte des kleinen Waldsees hinausrudern, wo sie die Asche verstreute. Dort gehe er nicht verloren mit der Ebbe, hatte der Vater einmal gesagt.

Im Badehäuschen vor dem Waldsee sass Véra seither oft, erinnerte sich bestimmter Momente, oder dachte an das, was sie mal werden wollte, als es dem Vater noch gutging, und warf Steine auf seine Seele. Oft sah sie ihn kämpfen gegen das Wasser mit seinen sieben Fingern. Warum verlor ihr Vater in der Schreinerei drei Finger? Geschah es tatsächlich wegen der Jesus-Puppe, die er ihr schnitzte und vorher zurechtsägen wollte? Sie hing an ihrem Fenster im alten Haus, das nun ihr Bruder bewohnte. Schon als sie noch bei Tante Hilde wohnte. Wusste ihr Bruder um die Geschichte der kleinen Holzfigur?

Trotzdem lebte Véra nun weiterhin in der Nähe des Dorfes, besuchte die Schule, schloss die Schule ab, lebte das Leben einer Azubi, arbeitete, zog in eine eigene kleine Wohnung im Dorf, hatte Freunde, hatte Probleme, machte Ferien, suchte die Nähe von Menschen, manchmal trank sie, sie ass, sie schlief, sie las von fremden Welten, weiten Fernen, besuchte Knugge, flanierte dem Meer entlang und fühlte sich jung, fühlte sich gut, fühlte sich mittelmässig, roch Fische, spürte Kiesel in ihren offenen Schuhen, nahm sich zusammen, mietete sich eine neue Wohnung, benannte Wolken, wartete auf Mitternacht, wartete auf den Sonnenuntergang, auf dies, auf das, und meist kam nichts.

Da dachte sie wieder an die Blicke der Kindheit, die Hügel voll Sehnsucht, die Wellen der Gefühle. Sie dachte an die Fragen, die sie als Kind zu stellen pflegte: Woher kommt das Wasser? Warum ist es flüssig? Mögen die Menschen Steine? Und fallen sie vom Himmel? Oder: Warum stellt man als Kind solche Fragen? *Stellt man als Kind solche Fragen?*

Später waren die Fragen und Wünsche anderer Natur: Plötzlich wollte sie wissen, wie sich das angehört haben musste, als sie als Kleinkind im Schlaf hell lachte. Ihre Eltern erzählten ihr erst davon, als es zu spät war, Aufnahmen davon zu machen. Dabei schien es ihr, als würde sie durch das Hören des Lachens etwas über sich herausfinden, das sonst für alle Zeiten in ihr verborgen bleiben müsste. Etwas, das ihr das ganze eigene Leben erschliessen würde, wenn sie es finden, fassen könnte.

Auch die Leberflecken in Form des Sternbilds vom «Fliegenden Fisch» auf ihrem Rücken sah sie nie eins-zu-eins vor sich, da sie immer in einen Spiegel sehen musste, unter den blödesten Verrenkungen. Und photographierte sie es, so war es halt nicht dasselbe. Aber es war doch das Einzige von ihrem Vater, das sie immer bei sich trug: diesen Namen auf ihrem Rücken, den er ihr zugeteilt hatte, in einem alten Seemannsbuch blätternd. Und nicht einmal das konnte sie sehen, wie es gedacht war. Was nutzte es da, am Meer zu wohnen?

So sperrte sich in ihr zunehmend etwas gegen diese Welt, gegen dieses Leben, gegen dieses Meer, gegen diese Menschen. Sie wollte wieder so lachen wie damals im Schlaf. Und sie wollte sich dabei zuhören können. Sie ging manchmal tagelang nicht zur Arbeit, meldete sich krank oder auch nicht, wurde krankgeschrieben, wenn sie im Büro stundenlang nur dortsass, nicht mal den Telefonhörer abnahm, wenn es klingelte.

Véra wurde missmutig, wurde verbissen, wurde bleich, verschlief oft, trank zu viel Kaffee, trank zu viel Sekt, nahm sonst nicht mehr viel zu sich, streifte ziellos umher, besuchte die Orte, wo sie als Kind jeweils lange herumstand, versuchte das Fischen, versuchte, die Mücken zu hassen, die Hunde, und landete immer wieder bei Knugge. Der aber wollte immer noch nicht sterben, trank, fluchte herum, ging zur Kirche und meinte eines Tages zu Véra, als sie wieder bei ihm in der Hütte auf dem nassen, kalten Boden herumtrauerte: «Der Mond ist ein Kind und das kühle Pflaster da ist der Winter, und die Liebe ist ein honigschleckendes Baby.» Und als sie ihn nur verständnislos ansah, fügte er hinzu: «Du warst doch sonst nicht so schwer von Begriff. Verstehst du nicht, dass auch das allergrösste Glück nur der Hanswurst seiner eigenen Vergänglichkeit ist?»

Sie aber schwieg, schüttelte den Kopf, konsterniert und verdrossen. Und lief einfach davon, durch die Strassen, über ihren Lieblingshügel nahe des Dorfes, wo sie sonst immer noch ab und zu das Meer zu beobachten pflegte, lief herum, lief durch Strassen, durch die sie schon gegangen war, und kroch endlich zuhause unter die Bettdecke, erschöpft, weinend, mit schmerzender Seele oder was man so nennt. – *Hier muss man das einmal eingrenzen, auch wenn ich zuvor schon derart kitschige Ausdrücke verwendet habe.*

In der Nacht träumte sie von seltsamen Dingen. Sie befand sich auf einem Spaziergang in einer langen Allee. Plötzlich war die Allee am Meer. Und da spürte sie, dass sie ihren Bruder an der Hand hielt, der plötzlich wieder klein war, während sie schon erwachsen wirkte. Wie ihr Bruder schreit, merkt sie, dass er sich erleichtern muss. Sie stellt ihn an eine Strassenecke, lässt ihm die Hose herunter und er uriniert. Der Urinstrahl jedoch wird immer mächtiger, wird ein Bach, wird ein Fluss, wird ein Strom. Zuerst trägt er einen Kahn, trägt den alten Knugge auf dem Kahn, trägt eine Gondel, in dessen Heck ein miniaturkleiner, schwarzer Fährmann mit dem Ruder in den Händen steht, hinter ihm eine unbekannte Frau mit vollen Brüsten, trägt ein Segelschiff, sie selbst drauf, trägt endlich ein grosses Dampfschiff. Da winkt ihr die Mutter herab und ruft etwas, das sie nicht versteht. Sie steht erneut am Ufer. Als sie aber dem Bruder wieder die Hosen hochziehen will, steht ihr Vater neben ihr, hilflos auf sein Glied schauend, das schrumpelig aussieht und bräunlich.

Da erwachte sie, erwachte schweissgebadet, musste aufstehen, musste trinken, musste auf die Toilette, hatte ihre Menstruation, hatte Beschwerden, Kopfschmerzen, keine Lust mehr. Trotzdem, so sieht es die Geschichte vor, legte sie sich nach einigen Minuten erneut hin. *Ist die Geschichte eine gute Referenz? Zu viel ist doch in ihr Schlimmes geschehen? Nein: getan worden!*

Am nächsten Morgen aber stand sie seit Monaten endlich wieder einmal gerne auf, ging arbeiten, konnte sogar gut an sich halten, wurstelte nicht zu viel durcheinander, ass einen Salat zu Mittag, machte einen Witz, arbeitete bis um fünf, lief schnell nach Hause, holte sich den Zettel mit dem darauf notierten Traum und eilte zum Dichterchen im Ort.

Rudolf Schmidt war kein bekannter Name. Aber jeder im Dorf kannte ihn, kaufte ab und zu ein Werk. Er konnte davon leben, auch davon, dass er die Beerdigungsreden für den Pfarrer schrieb, die Hochzeitsverse und gereimte Witze zu den Geburtstagen. Zudem lebte er karg und brauchte nicht viel. Hatte die Gemeinde hin und wieder was zu vergeben, erhielt er so noch ein paar Euro.

Schmidt lebte in der krummsten Gasse des Orts. Man konnte vom einen Anfang nicht zum anderen sehen, ausser man hätte einen Spiegel angebracht, genau dort, wo Schmidt sein Arbeitszimmer im zweiten Stock hatte. Das Haus, das er bewohnte, hatte überhaupt nur zwei Stockwerke. Es gab zwar noch eine Dachkammer, aber die zählt nicht. Vor allem, weil sie wie alle Stockwerke gerade mal drei auf vier Meter Bodenfläche aufwies.

Nun, Véra kannte den Schreibmensch auch schon länger, sie hatte ihn sogar für einen Vortrag an der Schule mal besucht. Aber das war Jahre her. Trotzdem wusste sie noch, wo man zu klopfen hatte.

«Herein», tönte es nach einigen Sekunden also dumpf, und als daraufhin nichts passierte, betrat Véra das Haus. Im Erdgeschoss – Küche und Esszimmer – war niemand. Also kletterte sie die steile Treppe hoch in den ersten Stock: Schlafzimmer. Aber auch da war Schmidt nicht. Also stieg sie die ächzende Leiter zum zweiten Stock hoch, ins hellste Zimmer.

Dort aber lag der grauhaarige Rudolf Schmidt, mit dem Rücken auf dem Boden, die glasigen Augen nach oben gerichtet. Er tat keinen Wank. Véra sah schon das Wasser auf ihn einstürzen, sah das Ungeheuer zupacken. Dann aber verscheuchte sie die Gedanken.

«Bist du tot?», fragte sie, mutiger, als sie sich fühlte – und merkte zugleich, wie unsinnig diese Frage war.

Doch dann bewegten sich Schmidts Augen, der Kopf nickte leicht nach vorn, das Kinn legte noch eine Falte zu, und er sprach: «Nein, Vera, nein, ich bin nicht tot.» Es tönte recht hölzern und ausgelaugt, so vom Boden herauf. «Ich habe gerade eine Welt erbaut und dies ist meine Sabbatruhe.»

Fünf Minuten später sassen sie zusammen am Esstisch und Schmidt schaute sich den Zettel an – «Ich will das erst lesen, bevor ich es mir von dir ausführlich erzählen lasse!», schaute zu Véra, schaute nochmals auf den Zettel, bevor er knapp nickte und sagte: «Also, lass hören!»

Und die Frau mit den langen Haaren fing an zu erzählen. Erzählte den vorhergegangenen Abend, den Traum, das Aufwachen. Den Tag wollte Schmidt nicht mehr hören. Er gab ihr ein Zeichen, zu stoppen, schenkte beiden nochmals Kaffee ein und überlegte dann. *Zumindest sollte es so aussehen.*

Nach fünf Minuten sagte er mit fester Stimme: «Weil wir im Kerker der modernen Welt geboren und grossgezogen sind, merken wir nicht mehr, dass wir im Loch stecken mit angeschmiedeten Händen und Füssen und einem Knebel im Mund. Wir merken nicht mehr, dass wir langsam ertrinken und gar nichts tun können. Aber wenn es soweit ist, werden wir alle wie verrückt nach Luft schnappen, wie Fische, die auf dem Trockenen liegen. Nur dass wir qualvoll die Lungen vollgepumpt bekommen.» *Aber diesen Satz würde er so nie gesagt haben, Marilin. Doch ich kann es nicht anders, es geht nicht. Also weiter.*

Ich glaube, Véra schaute ihn daraufhin nur verdutzt an. Und als sie wie beim alten Knugge wieder nur den Kopf schüttelte, reichte der Spracharbeiter wie auf einem Tablett einen Satz nach: «Vier Elemente brauchen wir, Kind, vier Elemente, nicht bloss eines. Du musst mit dir ins Reine kommen. Das Wasser scheint wichtig. Aber das kann nur der Weg sein. Fühlen musst du alle Elemente. Dann erst wirst du wenigstens das Gefühl haben können, ganz hierher zu gehören. – Nein, mehr sage ich nicht. Es ist falsch, dass man annimmt, wir müssten den Menschen helfen können. Wir können ihnen helfen, sich selbst zu helfen ...»

«Aber das sagen Ärzte doch auch von sich! Und sind meist keine grosse Hilfe!», wandte Véra missmutig ein. *Das mit dem Weg war ihr entgangen. Entgangen.*

Schmidt zuckte die Achseln. Dann widersprach er doch noch: «Eher die Psychiater, mein Kind, eher die Psychiater ...» *Würde er das sagen? Mein Kind? Habe ich nicht alles falsch im Kopf?*

Kann es das geben: Zeiten, in denen man sich so schlecht fühlt wie nie? Und in denen man weiss, dass es eine der schlechtesten ist, weil die Stiche im Unterarm immer grösser werden, länger, die roten Linien. Und man ans Messerchen denkt. An den Schnitt. Und dabei wohnt man nicht mal in Metropolis, sondern in ...

Weisst du, Marilin, früher gab es Werke, die setzten drei Sternchen, drei ... aber klar, das weisst du. Dumm von mir.

Und dann war sie wieder daheim. *Nein, in ihrer Wohnung.* Die Sonne rötete die Zimmerwände, wärmte die Luft zwischen den beiden Fensterscheiben. Véra röstete sich Scheiben frischen Brots, warf die Post auf den Küchentisch, die Zeitung hinterher. Nahm die kleine Giesskanne. Gab den Blumen Wasser. *Wasser.*

Feuer – Wasser – Erde – Luft: Die untergehende Sonne setzte ihren Spiegel im Badezimmer in Flammen, der Wasserhahn darunter tropfte wie immer, doch ein Windhauch durchs offene Küchenfenster bewegte die Gardine und vom Blumentopf in der Stube fiel ein Stück Erde zu Boden, als sie ihn tränkte. Da durchzuckte es sie wie seit Kindertagen nicht mehr: Morgen gehe ich, rauschte es in ihrem Kopf, morgen gehe ich. Sagte, sie, sagte ich, sagte ... – *Du musst mir helfen, Marilin, ich brauche deine Hilfe.* Aber zuvor wollte sie die Bucht nochmals sehen. Die Bucht ihre Vaters. Die Biegung im Wasser, das ihr Leben damals doch erst werden liess.

Sie lief los, viel zu wenig warm angezogen, doch der Kopf pochte, der Kopf fieberte, die Knie flogen nach vorne. Nur die Schultern sperrten sich leicht, aber da war nichts, das dagegen sprach, nichts, das sich ihr in den Weg stellte, um dahin zu gelangen, wohin sie wollte. Für jetzt. *Für jetzt.* Sie lief durch die richtigen Strassen, überquerte das Feld von Uwe Kappling, umlief den kleinen Hügel *(Mit der Tellingburg oben auf. Ja, genau den!)*, übersprang die Gräben, peilte den Baum mit dem Loch in der Mitte an, der durchdringend pfeifen konnte, wenn der Wind durch ihn hindurchbliess, sah die Bank, bog ab, rannte weiter, roch die Fische, roch das Wasser, eilte weiter, sah nicht einmal mehr bei jedem zehnten Schritt auf ihre Schuhe hinunter, sah geradeaus, sah das Meer vor sich, die langgezogene Bucht, spürte das Blut pulsen, spürte ihr Herz, den Magen, der jetzt ein wenig Mühe hatte – in solchen Situationen spürte sie, dass der Schliessmuskel nicht so fest zuspannte, wie er sollte –, doch es war ihr egal, egal, sie wollte nur ankommen, wollte die Bucht von Nahem sehen, wollte den Ort sehen, an dem ihr Vater das Boot bestieg, den Nachen, eine schwarze Gestalt mit dem Ruder in den Händen, wollte hin, war fast da, war bald da, war beinahe dort, rannte, rannte, sprang, ahnte die letzten wenigen Meter, liess auch sie hinter sich – und kam an, *at the edge of the deep green sea.*

Doch sie war zu sehr am Rennen gewesen, zu sehr am Laufen, wie ein Schnellboot im Wasser, das noch Hunderte Meter weitertreibt, wenn es die Motoren nicht rückwärts laufen lässt: So hielt Véra gar nicht inne, sondern eilte gleich weiter, sprang weiter über Sanddünen, über Holzklötze, Schwemmholz, rannte weiter der Bucht entlang, im Dunkeln, nur vom Mond ganz sacht geleitet, sprang auf Sand, rutschte auf Sand, fing sich, eilte weiter, weiter, weiter – bis zu jenem Punkt, der …

… doch dann stand sie da, stand dort, an jenem Punkt, der …

… und spürte –: nichts. Nichts. *Nichts.*

Sie konnte es nicht fassen. Und eine Welle plätscherte lustlos. Sie mochte es nicht fassen. Verloren pfiff der Wind ein wenig. Sie wurde wütend, wütend auf sich selbst. Wütend auf Gott, wütend auf ihren Vater, wütend auf ihre Mutter, wütend auf … ja, wütend auf den alten Knugge, und ihre Tante, und Schmidt, wütend auf ihr Dorf, auf die Stadt nebenan, auf die See, auf das Salz, das nach über 30 Jahren nicht mehr schmeckte, wütend auf sich selbst, auf ihre überhetzte Tat, ihren Lauf hierher, dass sie es sich nicht aufbewahrt hatte, das Treffen mit der Stelle, an der ihr Vater ... die sie sich doch an einem höchst besonderen Tag erst ansehen wollte, ans Wasser tretend, nicht hinein, nein, nicht hinein, aber ... Wo war das alles? Wo war das grosse Gefühl?

Dabei stand sie doch an der Bucht. Sah ins Wasser, jenes Wasser, das ... Trotzdem fühlte sie den Zauber nicht, keinen Ruf, keine Botschaft, keine Gänsehaut, keinen Schrei aus ihrem Inneren, keinen Wunsch, einfach vorwärts zu laufen, in die Ebbe, weiter, immer weiter, bis ... Aber da war nichts. Nichts. Was suchte sie? *Ja, was suchte sie?* Verloren stand sie dort, unter einem Sternenhimmel, der zu ihr herunterblitzte, auf die leichten Wellen, die mondbeleuchtet ans Ufer rollten, sacht, sanft, leise.

Wieder zuhause, *nein: in ihrer Wohnung!*, stand sie etwas verloren vor ihrem Schrank. So oft hatte sie diesen braunen Mantel gesehen. An ihm, oder hier im Schrank. Sie berührte den Ärmel, aber er hing schlaff herunter und reagierte nicht auf den leisen Anruf der Erinnerung. Auch Schuhe standen da, unten, die viele Meilen gelaufen und schon länger am Ende ihrer Reise angekommen waren. Nochmals berührte sie leicht den Mantel, streichelte den Ärmel, zog die Hand zurück, schloss die beiden Türen und drehte den Schlüssel herum. Unschlüssig – *unschlüssig* – stand sie vor den beiden Türflügeln, sah die Maserung des Holzes, roch den immer noch in der Luft schwebenden leichten Geruch von Moder und Kampfer, sah die Schatten am Boden des Flurs länger werden, sah sich als kleines Kind, sah einen Weg, sah einen möglichen, den sie gehen wollte, jetzt. Was hielt sie davon ab? Was eigentlich? Sie konnte gehen, konnte genauso gut wie morgen gerade jetzt gehen, jetzt, von hier, von vor dem Schrank, den beiden Türen, der Maserung, mit dem Kampfer in der Nase. Dem Süsswasser folgen, ihren Weg finden, *ihrem Weg folgen*, der für sie dasein würde, auf dem sie sich sicher fühlen würde, sicher wäre, *sicherlich sicher wäre*. Denn eigentlich musste sie nur eine Sache noch erledigen, *nein: machen:* Piratas Grab besuchen.

Zwei Stunden vor Mitternacht stand sie an Piratas Grab. «Die Erde sei dir wärmender Mantel!», murmelte sie. «Er schütze dich. Bis ich komme. Zurückkomme. Weisst du, es sollte einen Himmel geben aus diesem einen Grund: Damit ich wieder bei dir sein kann. Mein Leben hat gelohnt, weil ich dich hatte. Jetzt aber gehe ich auf die Suche, mein Kleiner. Und du wirst mich begleiten. In Gedanken. Bis bald!»

Ein letztes Mal also lief sie vom Waldgrab zurück zum Dorf, im Dunkeln. Den Weg, den sie gut kannte, mit den Sternen im klaren Himmel. Als sie hochsah, strich weit oben gerade ein V-förmiger Zug ziehender Kraniche nach Süden, es sah aus wie Fische im dunklen Himmelsblau. *Es ist also Ende Oktober. Aber auch das weisst du. Kraniche fliegen manchmal in der Nacht. Aber fliegen sie so weit in den Westen?* Sie aber lief noch kurz zurück zu ihrer Wohnung.

Und lief von dort weiter zum Bahnhof, nur mit einigen wenigen Sachen bestückt, Zahnbürste, Kreditkarten, etwas Geld auch, frische Unterwäsche. Alles in einem kleinen Rucksack am Rücken. *Was braucht es mehr? – Gutes Schuhwerk. Das auch, ja.* Sie sagte nicht mal Knugge Auf Wiedersehen. Nur dem Dörfchen selbst winkte sie kurz Auf Wiederschauen, dem Wartesaal, der noch immer die gleichen Platten am Boden hatte wie eh und je, bläulich-weiss mit Sprüngen darin hier und dort, Staub zwischen den Fugen. Aber eigentlich war das alles egal. Nichts. Nicht jetzt.

Ein Pfiff ertönte und der Zug setzte sich in Bewegung, in Richtung der grossen Stadt. Gleichzeitig war sie wieder in der Kindheit, in jenem Zug – und eine heisse, weisse Dampfwolke jagte mit ihrem Schatten auf dem Wasserspiegel um die Wette ...

Jetzt, hier aber, zerriss die Maschine fräsend die Stille, rief sie zurück in die Gegenwart, zurück in den fast leeren Zug, zurück in ihre Gegenwart, in der sie sich auf der Flucht befand. *Der Flucht vor sich selbst.* Was genau sollte sie tun? Sie wusste, wohin sie wollte. Nicht, dass sie wüsste, wo sie landen würde. Aber der Weg würde sie dahin führen. Zur Quelle.

Sie würde nur dem Wasser folgen müssen. Dem Süsswasser, das landeinwärts irgendwo der Erde entsprang, in vielen kleinen Tropfen, die sie als Kind nachahmen konnte, was sie seither nie mehr versucht hatte –: So einer musste sie wieder werden. Aber sie musste auch gegen den Strom schwimmen, gegen die allgemeine Regel. Denn das konnte nicht das sein, wie sie sein müsste. *Sein wollte. Wir alle wollen etwas anderes, Marilin. Fragt sich bloss, was? Und fragt sich auch noch, ob ich hier am Rand des Kitsches entlangschreibe, oder schon mittendrin?*

Und wieder rief sie ihr Ohr zurück, das leise Knarren, das lange traurige Seufzen der Bremsen. Trotzdem war sie froh, den Zug genommen zu haben. In ein Auto hätte sie sich reinbücken müssen, ein schlechtes Omen für ihre Reise wäre das: die letzte bucklige Gebärde des Abfahrenden ...

In der Stadt – «Die Freiheit, die erwarben die Alten, möge die Nachwelt würdig erhalten» – flog sie fast aus dem Waggon, so eilig hatte sie es, weiterzukommen. *Weiter zu kommen.* Im Zug hatte sie sich für einen Ort entschieden, an dem die Reise starten sollte. Denn auch das durfte nicht einfach dem Zufall – *nein, ich verzichte* – überlassen werden. So hatte sie sich blitzlichtartig an jenen Moment erinnert, als ihr kleiner Finger bei Knugge einmal der Landkarte den Flüssen entlangfuhr, all jenen, die in die Nordsee mündeten. Und so schien es ihr am einleuchtendsten, wenn sie den längsten wählen würde. Denn derart kurz konnte ihr Weg nicht sein. Durfte er nicht sein. Zudem entsprach der Name einer Unversehrtheit, die sie ja gerade wieder erlangen wollte, zu Beginn ihres Weges, um sich neu prägen lassen zu können. Und die Mündung verlieh mit seinem Namen ihrem Vorhaben die Authentizität, die sie jetzt brauchte: Nieuwe Waterweg.

So fuhr sie also mit dem Nachtzug ins Land, das versprach, einen Weg von unten her angehen zu können.

Und fuhr damit aber auch eine ganz kurze Strecke auf dem Weg zurück, von wo sie gekommen war. Auf einem anderen Gleis natürlich … *Ist das jetzt kitschig, Marilin? Kitschig, genug?*

In der Kabine war nur noch ein Platz frei. Aber das war ihr nun egal: Endlich ging es los! *Auch hier …?* Kurz nickte sie den drei anderen zu, legte sich dann aber gleich auf ihr knapp gehaltenes Bett im Zugabteil, mit dem Kopf zum Fenster, auf dem Bauch liegend. Und jetzt, jetzt schwoll ihre lebenslange, immer irgendwie unterdrückte und abgewürgte Freude mit solcher Gefühlsstärke auf, dass alle ihre bisherigen Interessen in ihrem Herzen zu tropfenähnlichen Silhouetten versickerten. Véra fühlte sich frei. Völlig frei. Sogar dort schon, wo sie noch an jenen Orten vorbeifuhr, die sie in der Nacht knapp als bekannte erkennen mochte. Ach, wie wenig tut weh, was man nicht mehr mag, wenn man weiss, dass man davor fliehen kann! Ob ein Wassertropfen so fühlen mochte, wenn er von seiner Quelle floh?

Wie so oft empfand sie die bekannte Gegend in der Nacht als näher. Nicht kleiner, es hatte nichts Kleines. Aber näher, greifbarer, *ergreifbarer*, nicht so hell, so kalt, im gleissenden Licht, im blendenden Licht, alles so weit weg, alles so frisch und froh, einfach so. Und während sie noch an den gewohnten Orten *und Worten* der

Kindheit und Jugend vorbeifuhr, mit den Augen letzte Winke werfend, schlief sie von den Aufregungen der vergangenen Tage und Jahre bald ein, in ein Land, in dem sie sich auch nach Jahren immer wieder auskannte und doch Neues entdeckte ...

Du aber, liebe Marilin, in Deinem Land der Träume, von dem ich hoffe, dass es ist, was man sich nicht vorstellen kann, Du wartest hoffentlich gespannt auf den nächsten Morgen. Der ein endgültiger Morgen sein wird. Der Erste seiner Art.

Es wird viel gehen mit Véra. Wir werden dem Fluss ihres Rhythmus folgen, wie sie auf ihm in einem Reim vorüberreitet, um die Kurve eines Satzes schlittert, Atem holt mit einer Zäsur, sich auf der Seite von Zeile zu Zeile wie ein Affe nach einer Banane nach unten haspelt, sich zwischen zwei Wörtern versteckt, wie sie aber am Horizont eines neuen Kapitels wieder auftauchen wird, in jambischer Bewegung stetig näher marschierend, Strassen kreuzend, mit ihrem Rucksack wie im Fahrstuhl eines bestimmten Versfusses nach oben fahrend, abspringt, einen neuen Gedankengang begeht, in ein Hotel eintritt, die etwas spezielle Nachttischlampe ausmacht, während ich dann vielleicht ein Wort lösche, wie sie eins ums andere Mal einschläft, da der Schreiber für die Nacht den Griffel hinlegt, wie sie immer weiter gehend wird, weiter ... Aber: Wird der Schreiber denn immer wieder aufwachen?

Oder sein kleines ungezähmtes Seepferd vergessen? Abbrechen wollen? Sich ertappen, wie er an ein Land denkt, das Du jetzt bewohnst, ein Land der Flüsse und Seen, ein Land, das einem ganz bestimmten Land gleicht und es dennoch nicht ist ... Was wird werden?

Die Sterne waren eben verblichen. Véra sah zum Fenster des Zugs hinaus, folgte mit den Blicken einem Mädchen und seinem fröhlichen Schäferhund einen überwachsenen Pfad hinauf, dessen Rubintau im Theaterlicht einer bereits fast alpinen Morgendämmerung glänzte. *Bühne auf!*

Die Luft selbst schien Véra farbig getönt. Doch eine Art Grabeskühle ging von der Richtung aus, von der sie mit dem Zug herkam. Es war ihr, als steige auf jener Seite ein schwerer Pfad himmelan, den niemand besteigen könne. Auf der Gegenseite jedoch, in Richtung ihres Ziels, begannen auf den Spitzen der Tannen hauchzarte Sonnenstrahlen hier und da Wärmemuster zu weben. Bei der nächsten Gleisbiegung umfing die Flüchtende diese Wärme, der Zug bremste ab, hielt fast an, und ein schwarzer Schmetterling kam herangetanzt, in lustigen Achterkurven, in Kreisen, in Lufttänzen.

Als der Zug sich ruckweise wieder schneller in Bewegung setzte, der Schmetterling schon weit weg war, kam plötzlich noch ein schwarzer Schatten im Sturzflug aus dem Himmel gesaust, streckte seine Flügel plötzlich abwehrend aus, ahnend, was geschehen würde – doch zu spät: Der Seidenschwanz prallte gegen jene Fensterscheibe des Zuges, hinter der Véra vorher den Sommervogel beobachtet hatte. Nach dem harten, kurzen Knall fiel der Schatten irgendwo ins Nichts unterhalb des Fensters, nichts zurücklassend als einen kleinen dunklen Fleck.

Der kleine dunkle Fleck: Véra sah den Himmel in der Glasscheibe gespiegelt, sah den dunklen Fleck darauf, sah ihn im Himmel, und lebte für Sekunden durch ihn dort oben, im Blau, im hellen Blau, im mehr und mehr dunklen Blau, segelte wie über oder neben dem Zug im Himmel dahin, ein Schatten im gespiegelten Himmel. Sie lächelte. *Träumte sie das alles? In so kurzen Staccato-Sätzen? Und kann sie tatsächlich schon lächeln, so kurz nach des Vogels Tod? Ja, sie erträumt ihn sich als wieder in der Luft, aber ...*

Etwas später kam der Zugbegleiter, weckte offiziell die Passagiere vor der Ankunft, überbrachte eine trockene Semmel, etwas Butter, einen stark nach Pappe riechenden Kaffee und einen kleinen Jus. Die Betten wurden wieder in Sessel verwandelt. Und alles ass schweigend, schmatzend.

Ob der «Zugbegleiter» tatsächlich so genannt wird? Ich weiss es nicht. Ist es nicht egal? Man sieht ihn doch vor sich, mit seiner Uniform mitsamt Mütze. Ein Mann, der seinen Dienst tut. Oder hättest Du hier lieber eine Frau, blonde Haare zusammengeknotet zu einem Zopf? Dann stell sie Dir einfach vor, ja?

Und als Letztes vor ihrer Ankunft am eigentlichen Start der Reise schrieb Véra noch flüchtig auf, was sie losgetrieben hatte. Nicht, dass sie es dann nicht mehr wüsste, wenn sie ganz verändert nach Hause kommen sollte! Und so füllten die Notizen schon bald zwei Seiten im kleinen Block, dicht beschrieben mit klitzekleinen, aber grossgeschriebenen Buchstaben, der Kugelschreiber sauste nur so über die weisse Fläche:

DAS MEER WAR SO GROSS. ZU GROSS. NACH FAST EINEM HALBEN LEBEN HATTE SIE SICH DRAN SATTGESEHEN. NUN MOCHTE SIE AUFBRECHEN. ES HIESS, WER SIEBEN MAL EIN LUSTRUM HINTER SICH HABE, DER SEI REIF GENUG. ABGESEHEN DAVON HATTE SIE ES SATT, DAS MEER IN DEN AUGEN DER MENSCHEN GESPIEGELT ZU SEHEN. NOCH AM ABEND RAUSCHTE ES LEICHT AUS IHNEN HERVOR, WENN MAN EINEM IM LOKAL GEGENÜBERSASS. SIE MOCHTE NICHT MEHR IHRE KAUGERÄUSCHE HÖREN, DIE NOCH IN DER NACHT TÖNTEN WIE DIE WELLEN. SEICHT ANS UFER QUELLEND, MAL SO, DANN SO.

NEIN, DAS ALLES MOCHTE SIE 142 JAHRESZEITEN LANG ERTRAGEN HABEN, NUN ABER WOLLTE SIE WEG. «ZURÜCK ZU DEN QUELLEN», NANNTE DER OLLE

Knugge das, der schon länger nicht mehr jeden Tag in seinem Bootshaus sass. Immer mehr traf sie ihn auf dem Teelenberg an, ins Land schauend oder ein kleines Buch lesend, leise vor sich hinmurmelnd.

Es gab nicht viel, worüber sie mit Knugge reden konnte. In wenigen Worten. Es spielte sich ab in seiner Körperhaltung, ihren Lippenbewegungen. Kein Sprechen. Er hatte ihr das einst beschrieben. Er war es gewohnt, aus kleinsten Wellen viel herauszulesen. Als er ihr sagte, ihre Lippen zeigten ihm an, wie nächstens ein Wind aufkäme, schickte sie sich an, das Schiff ins Wasser zu lassen. Sie brauchte es nicht mehr. Sie wusste, das Wasser fliesst nie den Fluss hinauf. Stets nach unten liess es sich spülen …

Nein, sie war mit dem Text nicht zufrieden. Und so versuchte sie es nochmals, in Gedichtform: «Die Wellen schlagen ans Gestade / Das Leben ist noch tot / Der Wind hört auf, die Sterne stehen still / Und doch plätschern Wellen weiter / Treiben kleine Tiere vor sich her / Im Wasser, das die Steine höhlt / und Pflanzen entstehen lässt / Nur im …»

Doch auch dies wollte nicht so recht fruchten. So gab sie es schliesslich ganz auf. Wollte sie doch ihr Leben finden, das sie leben wollte, nicht den Text, den sie leben wollte …

Aber Postkarten würde sie noch schreiben, nach Hause ... auch für sich ... Und den Text schon mal als ersten. An eine Postkarte geheftet ... Fürs Archiv ... und wenn es auch nur jenes von Knugge wäre ...

Und so kam der Zug langsam an seinem Bestimmungsbahnhof an, der unsere Véra auf die lange Reise führen würde, die sie sich für sich selbst ausgesucht hatte.

Auf vielen Gebieten hat der Mensch wahre Wunder vollbracht: In unserer Zeit hat er die Mittel gefunden, die Erde zu verlassen und zum Mond zu reisen; in früherer Zeit hat er sich den Wind und die Elektrizität dienstbar gemacht, er hat erdenschweres Gestein zu hochragenden Kathedralen aufgetürmt – *hast Du Chartres mal gesehen?* –, hat aus dem Gespinst einer Raupe Seidenbrokat gewoben, hat die Musikinstrumente erfunden, den Papyrus, Pergament und Papier, hat dem Dampf des Wassers Motorkraft abgewonnen, er hat etliche Krankheiten ausgerottet oder unter seine Kontrolle gebracht, er hat die Nordsee zurückgedrängt und an ihrer Stelle neues Land gewonnen, er hat die Formen der Natur klassifiziert und ist in Geheimnisse des Kosmos eingedrungen, ja, hat sogar neue erschaffen. Während aber alle Wissenschaften vorangeschritten sind, und während die Regierungskunst und einiges andere wenigstens seit Jahrtausenden auf der Stelle tritt, hat es selten eine Suche gegeben nach dem, was zum Anfang führen könnte.

Oh, man verstehe mich nicht falsch: Ich meine nicht, dass die Menschheit nicht das Bedürfnis gehabt hätte, ihren Ursprung kennenzulernen, sich mit der eigenen Vergangenheit zu beschäftigen. Ich meine simpel nur dies: Äusserst selten hat man sich auf eine rückwärtsgerichtete Reise begeben, die nicht nur die Quelle von etwas Äusserem aufdecken, sondern die ganz bewusst den eigenen Geist rückführen wollte.

Auch bei Freud und seinen Jüngern geschieht das auf andere Weise als ich es meine. Selbst dort taucht man nur zurück in vergangene Zeiten des eigenen Ichs; doch wollen sie nach der Rückblende wieder in ein Jetzt kommen, das dem gleicht, von wo sie die Reise gestartet haben. Sie wollen in ihrer Welt, wie sie zurzeit jeweils ist, eben bestehen können.

Doch unsere Véra hatte anderes im Sinn. Revolutionäreres. Sie wollte nicht bloss einen Weg beschreiben, der sie zu einer Quelle führen würde. Das sollte nur die äussere Staffage sein, der Bühnenhintergrund für eine Reise des Ichs, zurück dorthin, wo alles seinen Anfang genommen hatte. Eine Reise, die dann von dort aus neu begangen werde könnte. Also nicht eine Suche nach früheren Zeiten, um sie sicher in ein Jetzt zu bringen, wo man sie im Herzchen tragen würde wie einen Schatz. Sondern eine bewusst regressive Pilgerfahrt zurück zu einem Zustand des Ichs, wo es noch nicht korrumpiert war, noch nicht abgestumpft, noch nicht erwachsen in seinem schlimmstmöglichen Sinn. Véra wollte an der Quelle ein Kind sein, ein Kind im Geiste. Irgendwo würde sie dann schon aufgenommen werden, um besser in eine Zukunft zu gelangen, als sie sie bis vor wenigen Tagen noch vor sich gehabt hatte. Und konnte darauf ein neues Leben beginnen im radikalsten Sinne.

So fühlte sie sich auch wie eine Entdeckerin, eine, die die Menschheit ändern könnte, als Beispiel. Ein Beispiel, das andere anregen könnte, anregen, sich aufzumachen, in Gebiete, die man bisher mied. Anregen, sich zu verändern, bis man wirklich war, was man eigentlich schon immer gewesen ist. Anregen, sich zu lösen von all dem widerwillig Angenommenen, weil man sich als Kind ohne Erfahrung nicht dagegen wehren konnte. Schliesslich werden wir ja alle ungefragt an einem Ort geboren, den wir uns nicht aussuchen. Und wollte man dann nicht Staatsbürger werden des Fleckens, worauf man zu liegen kam, wurde man als Defätist beschimpft, als Nestbeschmutzer. Nur weil sie nicht verstehen konnten, dass man sich wundern mochte darüber, warum man genau dort und dazumal geboren worden sei. Warum man in ein System gezwungen wurde, das einen mit der Vorschule und der Schule hineinpresste in ein bestimmtes Schema. Und warum man ernsthaft darüber nachdachte, Schadensersatz zu erklagen dafür, dass dies ohne Rückfrage an das Kind, die Jugendliche geschah. Klage dafür, dass man geworden ist, was man nach aussen nun ist. Statt geworden zu sein, was man sein wollte. Da machte es auch nichts, dass sie jetzt einfach ausbrach. Dem Büro nicht mal eine Notiz hinterlassen hatte. In ihrer korrekten Art würden sie ihr sogar den ausstehenden Lohn noch aufs Konto überweisen ...

Das Wichtigste auf ihrer Reise also war, dass sie am Ende wieder ein Kind sein mochte, aber eines, das schon die Erfahrung eines halben Lebens hinter sich hatte. Dass sie ein Leben neu beginnen konnte, ohne die alten Fehler begehen zu müssen. Ohne sich in etwas quetschen zu lassen, das sie nicht mochte. Sich zu etwas formen lassen musste, das sie verabscheute. Das Ziel war, im alten Leben ein neuer Mensch zu werden. *Mondscheinperlen und spritzende Kuhscheisse aneinandergereiht ...*

Der Bahnhof von Rotterdam war eine Grossbaustelle. Hier wurde gebohrt, dort Planskizzen mit Luftschlössern verglichen, am einen Ende die Verknüpfung der städtischen Metro mit der regionalen Stadtbahn quasi mit den letzten Strichen abgeschlossen, mittendrin die Buden und Baracken verschoben und versetzt, am anderen Ende gerade gemessen, geschrieben, aufgezeichnet, neu erwogen, neu geplant, neu gebaut. Auf Schritt und Tritt wurde einem in Ohr, Auge und Nase zu spüren gegeben, dass hier ein wichtiger Verkehrsknotenpunkt sei. Und mitten in all dies hinein stieg Véra aus dem Zug, leichtfüssig sprang sie aus dem Zug, sprang auf einen Boden, der sie zu neuen Orten führen sollte, zu neuen Ufern, zu neuen Anfängen.

Vom Hafen und der See roch man hier allerdings noch nichts. Erst draussen liess die nicht mehr ganz so staubschwangere Luft der feinen Nase zu, das Wasser zu riechen, das Salz, die Fische. Und Véra spürte, dass sie ihre Reise bald beginnen konnte. Sie freute sich darauf.

Von Rotterdam Centraal begab sich unsere Wasserbraut mit der Metro und dem Zug – *stimmt das, kann das sein?* – an die «Ecke von Holland»: Hoek van Holland. Die Metro fuhr unter der Neuen Maas durch den Beneluxtunnel hindurch, kam rund 500 Meter jenseits der Station Marconiplein aus dem Tunnel, bog nach knapp einem Kilometer ins Eisenbahntrassee der Strecke nach Den Haag und Hoek van Holland ein. Dort stieg Véra um auf den Zug, fuhr weiter, weiter, in jenen Stadtteil, der sich teilweise den Charakter eines schmucken Küstenstädtchens bewahrt hatte, zu touristischem Nutzen.

Sie kamen, die Touristen, um zu baden, um sich nostalgisch in den Strässchen zu verlustieren, um teuer zu essen, was es zu Hause auch geben würde, würden sie da mal ihre Augen öffnen und nicht bloss ihre Mäuler. Wie Fische, die ständig essen wollen.

Nun ja, Véra war nicht deswegen gekommen. Hoek

van Holland, dieser Stadtteil Rotterdams, lag nämlich an der Mündung des 1872 eröffneten Nieuwe Waterweg, der rund 20 Kilometer langen Wasserstrasse, die die Nordsee mit dem Hafen von Rotterdam verbindet. Am 21. Februar 1907, das hatte Véra mal in der Schule gelernt, sank hier in einem schweren Sturm an der nördlichen Mole das britische Passagierschiff Berlin. 168 Menschen fanden bei diesem Unglück den Tod. *Fanden den Tod: Ist das denn eine Belohnung? Sucht man den überhaupt? Das ist so das Deutsch der Naturschwulen vom Baedeker, wie sie Hermann Burger nennt.* Und diesen Ort hatte sie sich ja ausgesucht, um ihre Wanderung, ihre Lebensrückreise zu beginnen. Nun also war sie fast am Ausgangspunkt angelangt.

Das Wetter hatte seit dem frühen Morgen umgeschlagen: Ein mächtiges Gewitter begrüsste Véra bei ihrer Ankunft. Der heftige Regenguss trieb das Wasser auf die Strassen, liess sie ein wenig wie Flüsse aussehen, auf denen auch Schiffe fahren könnten, den Häusern entlang, in denen Menschen den weissen Riesen winken würden, Kinder, Greise, Mütter, Invalide. Das Wasser überflutete aber auch Keller und Unterführungen. Kaleidoskopische Spiegelungen spielten auf Flächen, wo sonst Rasen war oder ein Spielplatz oder ein Veloabstellplatz. Nie zuvor – so schien es ihr – hatte Véra ein solches Blitzfeuerwerk gesehen am helllichten Tag. Ein gutes Zeichen. Ein hervorragendes Zeichen. Glücklich lief sie mit sofort tropfnassen Schuhen auf den Fährterminal gleich neben dem Bahnhof zu, von dem die Schiffe ablegten vor allem nach Harwich. Ein Ort, der durchaus als Ecke Europas gelten konnte, ein Ort, auf dem viele die ersten Schritte auf dem Festland taten. Und so näherte sich Véra glücklich dem Fleck Erde, auf dem sie endgültig starten würde, ihren Weg, ihre Suche. Auf einem Flecken Erde, der gerade mit Wasser besprüht wurde, von oben, von der See, der mit Wasser bedeckt war, als wäre hier nie Sommer, nie Trockenzeit, kein Touristenparadies, als würde alles im Regen ersäuft.

Aufgepasst: Der Regen in diesem Buch, in den Räumen dieses Buches, berührt mit der gleichen taktilen Zärtlichkeit das Winzige wie das Enorme. Er beseitigt die Unterschiede zwischen dem Grossen und dem Kleinen, dem Wichtigen und dem Banalen, dem Historischen und dem Namenlosen, aber auch zwischen dem Erinnerten und dem Heutigen und selbst noch zwischen Kunst und Leben, zwischen dem Gemalten und Gewachsenen, dem Gedichteten und dem greifbar Vorhandenen. All diese Differenzen, über die sich die Verständigen längst verständigt haben, beseitigt dieser Regen. Er ist ein durchaus meteorologisches Ereignis und ein spirituelles. Für Véra. Für mich. Für uns. Den Leser und das andere Ich.

Hier, an der Ecke von Holland, fühlte sich Véra schon ganz anders als an der Bucht, gestern Abend, wo sie nichts spürte. Hier, wo der Regen auf sie prasselte, pochend auf die Hirnschale klopfte, hier, dessen war sie sicher, entschied sich ihr Leben ... hier begann die Entscheidungsfindung für ein gänzlich neues Leben, ein anderes Leben, eines, das sie von einer Seite der Elemente quasi auf die andere Seite hinübertragen sollte: War sie bisher auf gewisse Weise eher blind gewesen wie ein Gnom, der sich gelegentlich aus Löchern und Gängen hervorwühlte, mit winzigen, sonnenblinden Äuglein, und von ihrem kunstreichen Bau im Erdinnern raunte, wo die Mutter niemals stirbt ... beziehungsweise war sie ab und zu eine Art Salamander, der aus Bränden heraus sprach, russgeschwärzt neben Gluthaufen kauerte und das Inferno am Horizont des eigenen Lebens teilnahmslos betrachtete ... so sollte und wollte sie nun zu einer undinenhaften Sylphe werden: Ein Zwitterwesen der beiden blauen Elemente. Sie sollte triefend aus den Wellen tauchen, fischblütig, partienweise geschuppt, und der Welt von der grossen Ruhe in der Tiefe reden ... und sie wollte der Luft verschworen sein, dem bewegten Atem des immensen Raums, des Luftozeans.

Der Wind blase von den Gestirnen her oder von einem nahen Bergrücken oder einfach um die nächste Ecke. Sie würde ihn von nun an mit allen Sinnen erleben, wenn er die Bäume kämmte oder einen Kohlweissling trüge oder einen Wurf Konfetti am Boden behutsam aufstellte, dahinrollen liesse und wieder hinlegte. So dass alle zur gleichen Zeit und auf dieselbe Seite zu liegen kämen, gelegentlich noch aufmuckend, wenn ein Hauch darüber hinwegstriche, wie ein verlorener Mensch auf Erden von seinem Schicksal dahin und dorthin geweht wird ... Sie würde die Gewitter erleben mit Blitz und Donner, wie sie den Himmel reinigten von dem Staub der Erde und der Hitze der Glutsonne. Sie würde den Weg vom Regenbogen wie mit einem vielfarbigen Teppich ausgelegt erhalten. Sie, sie allein würde also den Himmel mit dem Wasser verbinden ...

– – – Kitsch? – Was: Kitsch?! Schon wieder? Aber es ist doch hier, hier, wo sie meint – wo sie merkt, wo sie ... und was ist Kitsch denn überhaupt anderes als das falsche Wortmaterial für dieselben tiefen Gefühle, die in der Höchstliteratur anscheinend so treffend geschildert vorliegen? Und heisst es nicht immer wieder, Literatur müsse von allen verstanden werden können? –

Unsere Véra empfand also, hier, am Meeresufer, wo sie starten sollte, von wo man bis weit ins Meer hinaus hätte sehen können, wenn das Wetter es erlaubt hätte, wo man dann, also draussen, weit draussen das Meer mit dem Himmel hätte verfliessen sehen können, wo jetzt und hier bei ihr der Himmel sich halt mit kleinen

Wassern begnügen musste, sich selbst in Pfützen spiegelnd und immerhin ganzen, völlig überlaufenen Strassenzügen. Véra spürte also an jenem Ort, an jenem Tag, dass sie es schaffen würde, die beiden Elemente zu verbinden.

War es der Regen, der sie so empfinden liess? Der Regen, der den Lebensraum der Sylphen, die Luft, mit jenem der Undinen verband, dem Wasser. Deswegen wohl liebte Véra ihn so. Als Meerwesen, das Schmetterlinge mochte, Falter, Sommervögel … als Mischwesen schon ihr ganzes Leben lang.

Véra beschloss, bis zur Nacht den Moment zu geniessen. Nach Sonnenuntergang wollte sie dann loswandern. *Veni creator spiritus.*

Tropf … tropf … tropf … tropf … tönt das Pochen der Weltuhr leise. Tropfen für Tropfen fiel weniger auf den Boden, langsamer, da er an Regentraufen aufgefangen wurde und sich erst wieder loskämpfen musste. Seine Masse von jener grösseren lösen, um danach wieder im kurzen freien Fall auf die Erde zu treffen, zu pochen, die Zeit zu zählen und umgekehrt anzuzeigen, dass es immer schneller gehen wird, immer schneller, obwohl die Tropfen langsamer werden, weniger, bis man sich der Zeit bewusst wird, bis man sie zählen könnte, sie zählt, wartet, darauf wartet, dass noch einer kommt, noch einer, es kommt auch immer mal wieder einer, aber das Hoffen geht weiter, das Bangen, man wartet, und es kommt keiner mehr. Selten, ganz selten folgt dann nach langer Zeit noch einer, wenn man schon aufgegeben hat, schon nur noch dasteht, er weckt aber nur eine Hoffnung, die nicht mehr erfüllt werden kann, ist er doch der letzte … und man sitzt und hofft von Neuen, aber es wird keiner mehr kommen, nicht jetzt …

Eröffnet sich uns hier ein Blick in die geheime Beschaffenheit der Welt, in das, was die Romantiker den «Zusammenhang der Dinge» nannten und Baudelaire «les correspondances»? Und ist so ein Gedankengang, so ein Lauf der Wassertröpfchen nun weise und visionär, oder ist es eine Art sublimer Narrheit, *die Marotte statt des Schreibstifts noch in der Hand?* Was bringt das Ganze, nützt das Ganze, was heisst das Ganze im Klartext? Kann man im Wasser schreiben?

Véra kümmerte so etwas damals nicht. Sie sass da, genoss den Regen, schaute seinem Spiel in den Wellen und Pfützen zu, dachte an ihr Spiel vom Wasser, an Undinen, Sylphen, dachte an das Poster, das sie sich als Kind zuhause ins Zimmer gepinnt hatte, «Hippocampus oder die Pferderaupe aus der Familie der Seenadeln (Syngnathidae)» stand unter dem gelb-schwarzen Tierchen, und bemerkte erst spät, dass es nicht mehr stark regnete, kaum noch, ja, dass es aufhörte.

Genau auf den Sonnenuntergang hin war der Himmel wieder klarer, reingewaschen, wie er nur nach heftigsten Gewittern erscheint, und die Röte des Sonnenuntergangs warf immer längere Schatten, aber ganz leichte, sich herantastende, ein sanftes Dunkel über die Lebenden und die leblosen Dinge.

Die Röte des Sonnenuntergangs wurde zur Asche der Dämmerung, das Licht zum Grau des Stars, das Junge behutsam zum Alten, Leben zum Tod. Véra aber dachte an all die bösen Szenen in ihrem Leben, an all das, was sie loswerden wollte, sie dachte an einen Glasbläser, der alle diese Geschichten und Gerüchte in eine reine Glaskugel hauchte, die dabei dunkle Einschlüsse erhielte, die Gerüchte und bösen Gedanken aber in ihr gefangen hielt, denn Gerüchte, das wusste Véra mit Bestimmtheit, gehörten nicht in die Luft.

Wie die letzten hellen Flecken am Himmel zu sehen waren, in dieser von irgendwo hinter ihrem Rücken herkommenden Lichtererscheinung, stand sie auf, und spazierte los: auf ihrem Weg.

Sie hatte es nicht eilig. Warum auch? Es gab noch keinen fest vereinbarten Ort, wo sie zu einer bestimmten Zeit ankommen musste. Es gab noch nicht mal die Gewissheit, wo, an welcher Quelle sie ankommen würde. Bei jeder Flussgabelung, wenn also ein Gewässer ins andere floss, würde sie von Neuem entscheiden, welchem der Gewässer sie folgen mochte. Jetzt aber machte sie sich noch nicht mal darüber Gedanken, wie sie das jeweils entscheiden würde. Jetzt ging sie freudestrahlend, leichten Herzens in die Dunkelheit, die nur von den vielen kleinen Lichtern einer Hafenstadt beleuchtet waren, um damit den Menschen den Weg nach Hause zu zeigen, wenn sie getrunken hatten, um den Ozean auszuhalten, oder um den Undinen die Kneipen zu weisen, in denen es noch Männer zu verführen gab.

Véra aber achtete nicht auf die Lichter, sie versuchte bloss, immer den Quaianlagen entlang dem Fluss folgen zu können, ohne über ein liegengelassenes Werkzeug zu stolpern oder bereits jetzt in den Fluss zu stürzen. Und so, sich langsam, aber bestimmt vorwärtsbewegend Richtung Quelle, verlieren wir Véra für heute aus den Augen, weil es zu dunkel wird, um zu schreiben. *J'accuse ...! – – – Wen denn?*

Und damit endet der erste Tag. Gib Pirata einen Gruss von mir, liebe Marilin. Extra omnes.

An der niederländisch-deutschen Staatsgrenze beginnt mit der Rheinteilung das Rhein-Maas-Delta, die bedeutendste naturräumliche Einheit der Niederlande. Bestimmend für die Gestalt des Rheindeltas sind zwei Flussteilungen (Bifurkationen): zum einen die Rheinteilung bei Millingen in Waal und Nederrijn, zum anderen der Abzweig der (Gelderschen) Issel (niederländisch: Ijssel) vom Nederrijn bei Arnheim. So entstehen drei Hauptstromverläufe, die jedoch keine durchgehenden Benennungen tragen: der grösste und südliche Hauptarm wird vom Stromverlauf Waal – Merwede – Noord – Neue Maas – Neuer Wasserweg gebildet. *Und wie finden wir nun unsere Véra, die da irgendwo unterwegs ist, am zweiten Tag? Immer sehen sie es in Richtung zum Meer, gell, Véra – nein! Marilin, heisst sie, Marilin!, also: gell, Marilin, gell, immer sehen sie es in Richtung Meer, statt vom Meer zur Quelle. Sie ist wirklich einzigartig! Unsere Véra ...*

... Irgendwo in diesem Delta also, das an diesem Morgen gerade von einem Flugzeug überflogen wurde, das eindrang in den blauen Himmel, dem Meer gegenüber eine steife Defloration – *was? Aber Véra betrachtet die Kanäle und Flüsse auf diesem Kontinent doch auch als ein Netz aus Wasseradern im Körper der alten Dame Europa. In Knugges Geschichten stand diese Dame manchmal auf und schlug wild um sich und ein auf den Rest der Welt, der nicht das Abendland, war, das – jetzt – heute – morgen – das Morgenland – das – morgen – am Morgen – diesen Morgen ...*

Ach, schreib anders, schreib kürzer! Ich mag das so nicht!!

Ja, ich, ja ...

Also tiefer niedersteigend, sich der Erde aus der Luft nähernd, dem grossen Luftozean, auf dem Rücken eines Schmetterlings, der übermütig geworden ist, der hoch aufgestiegen ist, leicht, mit dem Wind, der Wärme, den letzten warmen Stössen des Herbstes, dies darstellend, weil korrigierend, denn eine, wenigstens eine einzige solche Chance hat man im Buch, auf ein barockes Leben, das abbildet, das ins Schriftbild bringt, was bei der Handlung vor sich geht, was geschieht, Inhalt und Form übereinanderbringend, ineinander, dem Leser ein Symbol für sein äusseres und zugleich sein inneres Auge, sein tieferes Wesen:

Die Grundlage allen Lebens ist das Wasser. In seinem
natürlich-zyklischen Kreislauf befindet es sich in
fortwährendem Wandel. Es schwebt in Grenz-
schichten der Atmosphäre und sickert in Tiefen
der Erde. Es durchpulst Zellen von Lebewesen und lagert in Feststoffen aller Art. Jeg-
liche Lebensprozesse werden durch das
Wasser ermöglicht. Wasser nährt, rei-
nigt, vermittelt, verbindet, bewegt,
erfrischt und löst. Von uns Menschen wird es geschätzt, gebraucht, genutzt, genötigt, verschmutzt. Allzu oft werden
Gewässer wider ihre Natur
gestaut, begradigt und
eingedolt. Mangelt es
uns an Verständnis,
Ehrfurcht und Res-
pekt? Würdigen
wir das Wasser
und seinen
lebensver-
mittelnden
Dienst?
Véra?
Aha:
Da!

Hatt' ich sie. Gefunden. Da. Zuunterst. Schon einige Kilometer den Riesenstrom hochgelaufen. *Elitär? Nein, nur berechnet und spannend. Und möglicherweise geschieht es zum ersten Mal, dass die dumpfe Pein des Suchens einer geliebten Person in der Entfernung, der man aber durch dieses Suchen immer näher gelangt, dass diese Suche durch einen stilistischen Effekt wiedergegeben wird und dass eine topographische Vorstellung in einer Serie von perspektivisch verkürzten Zeilenlängen ihren bildlichen und zugleich verbalen Ausdruck findet.*

Ich, ein Angeber? Dann lies es nicht, Marilin, lies es nicht! Aber wie solltest Du es liegenlassen können? Wie? Nach einigen tausend Jahren wird Dir sowieso langweilig. Und dann? Was dann? Wenn alle Mätzchen durch sind, alle wüsten Spiele gespielt, alles Neue, was man sich hier nie getraute, schon getan ... Was ist dann? Was wirst Du tun, in diesen Äonen von Zeit, einem Ozean von Momenten, wo ein Tropfen einem ganzen Erdenleben entspricht und nur in einer Handfläche schon Tausende Tropfen Platz haben? Wie viele denn erst im Ozean! Und wenn alle diese Tropfenleben durch sind, dann gibt es sieben mal sieben solche Ozeane. Und wenn all das durch ist, dann ist erst ein Mikro-My der Zeit um, die Du dort verbringen wirst, verbringen musst, leidend, gähnend, dich des Zeitblitzes erinnernd, während dessen Du Dein Erdenleben gelebt hast, die Schönheiten der Welt sahst, der Kultur, und die – puff! – schon wieder weg waren, eh

Du Dich dessen versahst, als wie ein Alchimistenschatz zum Schornstein hinausfährt, ehe Du auch nur stopp! rufen kannst.

Und was ist Dir jetzt die Welt? Das kleine Kügelchen, das einmal war? Das Du nicht mal mehr beobachten kannst, das nicht nur aus Deinem Blickfeld verschwunden ist, zusammen mit Sonne, Mond und Sternen, mitsamt dem ganzen All? Wie ist es jetzt, im Nichts der Himmel, im Nichts des weissen Entsetzens, das dem Erdenbegriff des blanken Entsetzens noch mehr als bloss eins draufsetzt? Die weisse Hölle: Schlimmer als alles, was man damit verbinden konnte, entsetzlicher als alles, was man erwartete. Und es wird nie zu Ende sein, nie auch nur zu Ende gehen. Nie. Nie ...

Oh, Du wirst zu leiden lernen, mein niedlicher Schatten, zu leiden, wie Du es nie gekannt hast und Dir nicht vorstellen konntest. Du wirst dich noch verfluchen, wünschen, Du seist es, verdammt, zu einer Ewigkeit, die wenigstens des Salzes nicht entbehrte, im Leiden der offenen Wunden. Aber so, aber so? Oh, wir wissen beide, dass Du es lesen wirst. Irgendwann ist es Dir zu viel, zu langweilig. Du wirst vor Lust auf neue Buchstabengebilde schreien, weil Du alle selbst ausprobiert hast, aber trotzdem der Kunstform schönste nicht erreichen konntest. Das hier ist es zwar auch nicht; aber es entbehrt nicht der Anspielungen, oh nein. Du wirst es lesen, Marilin, Du wirst es lesen, das wissen wir beide.

*– – – Jetzt schweigst Du, nicht wahr? – – – Ja? – – –
– – –*

– – – Hm, ...

Aber willst du nicht mit dem Roman weiterfahren? Sonst bin ich oben, eh du mich hier am Briefkasten zu sehen dich bequemst?!

Und so wird Flauberts Elfenbeinturm, an dem die Scheisse aus dem Weltmeer der Nichtwisser hochklatscht, in meinem, in meiner Hand zum Schreiber, wird zur Feder, und ich zum Leitgänserich des Federviehs vor Véras Besen in wieder ihrer Hand. Und ich schreibe also übers Blatt preschend, freudig erregt und wie von der Aufgabe wieder beseligt weiter:

Unsere Véra war also am Morgen früh aufgestanden und losmarschiert, nachdem sie den Matrosen eines panamesischen Frachtschiffes gedankt hatte, die sie in einer freien Kajüte übernachten liessen. Auf einer Bank, nahe des Wassers, aber schon ein gutes Stück weg von ihrem Startpunkt auf Meereshöhe, auch das Rot-Weiss-Blau also schon einige Kilometer hinter sich, frühstückte sie, was sie noch in ihrem Rucksack fand: Einen Apfel, etwas Brot und Käse. Das Wasser gab's von einem Brunnen, an dem sie kurz nach Sonnenaufgang vorbeikam und wo sie ihre Wasserflasche gefüllt hatte, bis an den Rand, beim Hineindrehen des Stöpsels quollen etliche Spritzer wieder heraus, aufs noch grüne Gras.

Was aber tat Véra, nachdem sie gefrühstückt hatte? Sie blieb noch ein wenig sitzen, nippte am Wasser aus ihrer Flasche, starrte dabei auf die bewegte und von Schiffbugen durchpflügte Fläche, die sich Nieuwe Waterweg nannte, und sinnierte über das Wesen dieses und jenes Wassers nach: Die schulwissenschaftliche Forschung, stiess sie nicht beim Wasser immer wieder an ihre Grenzen? Seine zahlreichen Anomalien tanzten doch zu sehr aus der Reihe der restlichen Elemente, es war kaum einzureihen, einzupressen ins sonst Übliche, Gewöhnliche, Normale, oder? Und ermöglichten nicht gerade diese Anomalien des Wassers das Leben auf diesem Planeten? Wasser war anders. Ja, Wasser war ein Phänomen. Und … – … ja, Wasser war ihr nah. Im Wasser fühlte sie sich frei. Und doch auch beschützt, geborgen, umsorgt. Zumindest meist. Dachte sie nicht an den Tag, an dem … Aber das musste sie jetzt hinter sich lassen. Jetzt und auch sonst.

Und so sprang Véra trotz der Jahreszeit ins schon ziemlich kühle Nass, in dem sie wohl auch länger geplanscht haben würde, freudig sich windend und drehend, das Wasser der Haut entlang perlen lassend, wenn sie hochsprang, vom einen Ozean in den anderen, vom Rheinwasser in die Luft, kreischend vor Lust, wenn sie, ja, wenn sie nicht von den Schiffen aus wütend angehornt worden wäre, von den Befehlsbrücken aus, endlich Platz zu machen, Platz den Schiffen: Der Rhein gehörte längst ihnen, den grossen Bäuchen der Stahlmonster, der wilden Wasserschlitzer – wenn sie nicht vertäut waren, lahm und dadurch unschädlich. Das hätte Véra doch wissen müssen. Ja, der Rhein gehörte ihnen, auch wenn sie als kleiner Fisch doch gerade mal am Rand schwamm, die aber nicht als Badezone markiert war. *Sind sie das?* Das war der Fehler, dies allein. Ach, ach …

So stieg Véra denn aus dem kühlen Blau heraus, ins schon ordentlich Rote der noch kräftigen Herbstsonne, liess sich trocknen vom Wind, der Sonne, und zog sich wieder an.

Blieb die Frage, ob die Ersatzhöschen und der zweite BH bei diesem spontanen Leben reichen würden. Aber das war eigentlich unerheblich. Freude war Freude. Und so schrieb sie noch eine Postkarte, die bald ankommen würde, packte alles wieder ein, und marschierte weiter.

Ah, da ist sie! Hab ich sie auch gefunden … zwar nach ihm, aber trotzdem …

Nach einigen Kilometern, es war schon später Nachmittag, die Sonne schon ordentlich tief am Horizont, hörte sie neben dem gemächlichen Gluckern und leisen, aber steten Nebengeräuschen des Wassers, das an den Uferpflanzen zog, mit einigen dahintreibenden Gegenständen auf seinem Rücken spielte, leicht quakende Enten forttrug und Fische zu Sprüngen Richtung Insekten zog – hörte Véra also noch etwas anderes.

Zuerst achtete sich sie gar nicht weiter darauf, bis sie einzelne Wörter unterscheiden konnte, eine Melodie. Dann stand sie doch plötzlich vor einem grösseren Feld grad neben dem Wasserarm, das an dieser Stelle sogar ganz leicht unter Wasserspiegel lag, nur der Damm sorgte dafür, dass die Jungen tagsüber darauf Fussball spielen konnten, wie die beiden Tore an beiden Enden der Fläche anzeigten.

Und von dort sah sie denn auch den jungen Mann in seltsam farbiger Kleidung und mit wildem Vollbart, wie er sich zum Klang der Musik rhythmisch bewegte, allerdings zugleich irgendeine Tätigkeit ausübend.

Los, erzähl also mein Haupterlebnis. Das, was am Ende des Tages am wichtigsten gewesen sein wird! Genau das!

Wichtiger jedoch war für sie die Musik selbst. Eine volle Frauenstimme – wenn Véra es richtig verstand – sang von Denk- und Redefreiheit. Sie sprach von den richtig gewählten Worten, von falsch verwendeten Wörtern, vom Reden für Gefangene, vom Weg, den man zu gehen hatte, von –: «We just don't / as we think what we wanna think / wanna see / as we say what we wanna say / someone in power / as we learn what we wanna – – –»

Und sie sah. *Véra sah*, wie der junge Mann mit einem Wassersprüher hantierte, wie er damit den Rasen immer und immer wieder besprühte. In einer Art von sicherer Bestimmtheit, als wenn er einen Plan im Kopf gehabt hätte ...

Sie überlegte sich noch, was denn das Ganze solle, als der Bärtige unten ein Streichholz nahm und mit einer raschen Bewegung des Arms einen Vorgang einleitete, dessen genaue Einzelheiten sie in der Schule gelernt und seltsamerweise behalten hatte: Ein Espenholz-Stäbchen, meist getränkt in Paraffin, um die Brennbarkeit zu verbessern, obenauf ein Zündkopf mit Schwefel oder Antimontrisulfid als Reduktionsmittel und Kaliumchlorat als Oxidationsmittel, sowie Zusätze wie Leim, Paraffin oder Farbstoff, dieses Stäbchen wird mit einer raschen und druckvollen Bewegung an einer Reibefläche aus einer verleimten Mischung von Glaspulver und rotem Phosphor gerieben. Eine Imprägnierung des Stäbchens mit wasserlöslichen Phosphatsalzen wie zum Beispiel Ammoniumhydrogenphosphat verhindert ein Nachglühen.

Ein Nachglühen des Stäbchens allerdings wäre dort nicht so schlimm gewesen. Denn in jener Sekunde fuhr es ihr durchs Hirn: Der Wassersprüher, er musste ein brennbares Material enthalten, und die so bestimmten Bewegungen, die der der Mann ausgeführt hatte, waren ein Schreiben auf dem Rasen gewesen. Und das Streichholz, es sorgte dafür, dass – und schon brannte die Nachricht licherloh:

> we just don't
> wanna see
> someone in power
> who doesn't know
> how to speak
> to speak the true words
> so speak the love words
> to speak for the tortured und mute

Die einzelnen Buchstaben mussten mit einer dünnen Spur des brennbaren Materials miteinander verbunden sein, schloss Véra. Gebannt schaute sie auf die Message, die der Flammenschreiber dort unten anscheinend dem Song entnommen hatte, der im Hintergrund aus den beiden Böxchen floss. Die Buchstaben flackerten leicht, sie waren aber gut lesbar, obwohl die Flammen natürlich nun auch am Gras leckten, das nicht besprüht worden war. Das tat der Erscheinung keinen Abbruch: Die Flammenschrift, der Song, der Bärtige, der nun ganz ruhig war, einfach dort unten neben der Schrift stand und sein Werk betrachtete, vermutlich zufrieden, sicher auch stolz – dies alles wirkte auf Véra seltsamerweise irgendwie befreiend, wortwörtlich auch befeuernd. Sie sah sich die Szene an, sah zu, wie da quasi ein Schauspiel geboten wurde, nur für sie, ohne dass der «Schauspieler» darum wusste, und vergass sich ein wenig, vergass ein bisschen den Moment, ja, vergass sogar etwas die Zeit. Zumindest die ersten paar Augenblicke. Bis – bis die eigenen Gedanken einmal mehr auch bei ihr anlangten, sie wieder mit einbezogen, nicht mehr nur ein Schauen waren, ein Leben ganz ausser sich, ein Leben für Bilder, für Geräusche, für Gerüche ... – sondern auch eines des Spürens, des Leidens, des ... *Entschuldige die Abschweifungen, Marilin. Sie müssen Dir hier besonders befremdend erscheinen. Ja. Nein?*

Véra wartete noch einige Minuten, bis die Flammen fast alle ganz erloschen waren, bis nur noch ein sanftes Glühen blieb, und eine vermutlich schwarze Schrift am Boden, zerfressenes Gras, wo die Flüssigkeit sich am Gras gelabt hatte, Véra also wartete noch ein wenig, dann lenkte sie ihre Schritte vorsichtig den Damm hinunter, auf den jungen Mann zu.

«Warum schreibst du nicht etwas Eigenes?», fragte sie ihn ganz unvermittelt und als sie fast bei ihm angelangt, aber immer noch im Gehen war. Erst nach der Frage fiel ihr ein, dass sie wahrscheinlich auf Englisch hätte fragen sollen.

Der Bärtige blickte sich etwas erstaunt um, aber

nicht etwa erschrocken. Er musste sie sowieso gehört haben, wie sie auf ihn zukam. Doch die Frage schien ihn zumindest zu überraschen. Er sah aus, als hätte er eher Schimpfworte erwartet, eine Zurechtweisung, einen Aufschrei.

Etwas zögernd fragte er dann: «Wer bist denn du?» Also konnte er Deutsch.

«Hm!», entgegnete Véra von Anfang an etwas zu keck. «Spielt das eine Rolle?»

Er stutzte. «Ach, nein. Tatsächlich nicht!» Jetzt lächelte er leicht säuerlich.

Dieser dialog ist doch schlecht. Ist doch so etwas von stümperhaft. Wieso wagst du es, so was zu schreiben!? *Ach, lass mal …*

«Siehst du!», sagte Véra schmunzelnd, «ich bin im Moment schliesslich nur eine Spaziergängerin, die sich wundert, was du hier machst. Und warum du genau das geschrieben hast, was du eben geschrieben hast. Übrigens, mein Name ist Véra.»

Nun lachte auch er. «Ich heiss Theophil. Und weisst du, ich möchte nichts Eigenes schreiben, bis ich meine Methode verfeinert habe.»

«Ah, welche Methode denn?», wollte Véra wissen.

«Ach, die Methode des Dauerhaftesten, was es geben kann. Weisst du, seit es Künstler gibt, versuchen sie ja immer wieder, etwas zu schaffen, das möglichst auf Dauer bestehen bleibt: Die Dichter wollen ein so unverwechselbar schönes Werk schreiben, dass man es noch in Jahrtausenden lesen mag. Die Komponisten versuchen sich an einem Weltwerk, das auch künftige Generationen «göttlich» nennen sollen. Und selbst die Filmemacher, die doch eine noch sehr junge Kunst pflegen, arbeiten zumindest gerne mit Endzeitthemen, sodass sie wenigstens vom Thema her später wieder aktuell sein könnten, so meine ich, auch wenn die Sehgewohnheiten sich massiv geändert haben werden, gell. Und eine Photographie ist eh die in den Augenblick gebannte Sterblichkeit. Am deutlichsten aber siehst du das bei den monomanen Architektur-Träumen aller Übermenschleins beziehungsweise jener, die sich für grösser halten als sie sind und andere zu solchen Bauwerken zwingen können. Leider.»

Was wünschst Du Dir?

– – – Wenn ich mich heute nach meinen Wünschen frage, meinen wirklichen Wünschen, dann zögere ich, mir Antwort zu geben, ja vielleicht bin ich sogar zur Einsicht gekommen, dass es uns nicht zusteht zu wünschen, sondern dass wir nur ein gewisses Pensum an Arbeit zu erledigen haben, und dass das, was immer wir tun, ohne Wirkung ist ... ohne Wirkung bleibt. ... Dass man dennoch zwischen acht Uhr früh und sechs Uhr abends so tun soll, als sei es wichtig, auf ein Blatt Papier einen Beistrich oder einen Doppelpunkt zu setzen. (Zumindest hier ist es wichtig.). Oder ein Brot zu verkaufen, Entwertungslöcher in

Tickets zur Metro von Paris zu stanzen, einen brennenden Wolkenkratzer zu löschen und sich dabei in Lebensgefahr zu begeben – was macht das schon, bei dieser Haltung? –, Lieder in ein Mikro zu schreien, zu einem bestimmten Zeitpunkt hinzuschmelzen, um anderen zu Diensten zu sein, in einer Bettstatt sich hinzuschlängeln, die von riesigen Kissen umflossen wird, ein Rückenmark zu operieren, auch wenn es da nicht mehr viel zu retten gäbe, Bücher zu verleihen, «Guten Tag» zu sagen hier und dort, «Guten Abend» etwas später und «Guten Morgen» einmal mehr nach einer Nacht, die etwas Ruhe brachte und Träume, die einem vorgaukeln, man sei ein bisschen etwas, mehr, als man tatsächlich ist, in diesem Ringelreihen des Lebens, das schneller geht und schneller, bis man sich nicht mehr halten kann, von Vollgas auf null gebremst, jäh zu Fall gebracht, Ende, aus.

Aber ist nicht Véra das beste Gegenbeispiel dazu?

Ich soll das beste Gegenbeispiel sein?!

«Und was möchtest du denn so anstreben?», fragte Véra nun.

«Ich möchte ein Material finden, oder besser eine Methode, mit der ich dann nur ein Wort oder so schreiben würde. Auf jeden Fall sehr wenig. Ich wüsste schon was. Aber das sag ich nicht, musst gar nicht fragen. Nun, ich hab schon Versuche gemacht, hab so meine Kontakte geknüpft für das, was ich vorhabe. Um das zu machen, von dem ich denke, dass es klappen kann. Damit es möglichst ewig bleibt.»

«Aber ist denn dies nicht auch monoman? Also ich frag das nur, weil du vorhin von den monomanen Träumen der Übermenschen geredet hast.» Véra sah skeptisch aus, aber doch ein bisschen auch gespannt auf die Antwort.

«Jetzt hast du mich, meinst du!» Er lachte. «Immerhin würde ich damit nicht zwingend ein Machtdenken in Worten ausdrücken, sondern eher eine universelle Botschaft, die den Menschen dienen könnte. Und sei es nur als Warnung. Vor allem aber würde ich sie ja ganz allein in ihre Form bringen, also nicht irgendwelche Sklavenarbeit oder Ähnliches benötigen. Meinst du nicht, das macht doch einen beträchtlichen Unterschied zu anderen Spinnern, die dann immer das ganze Menschengeschlecht gefährden?»

«Hm, also irgendwie kann ich das jetzt nicht grad auf die Schnelle entscheiden. Aber wenn du nur dich dazu brauchst, und niemanden sonst schädigst, wär das wohl in Ordnung, denk ich. Aber meinst du nicht, Petroglyphen würden es tun? Die haben doch lange überlebt, in diese Steine eingeritzt. Ich hab auf Bornholm, wo ich mit Pa mal in den Ferien war, welche gesehen. Die haben doch recht lange überdauert, nicht? Und du müsstest nicht wie hier Gras zerstören. Oder wächst das nach?»

«Du bist vielleicht komisch!», sagte Theophil nun. «Natürlich wächst das nach, sonst würde es ja eben ewig bleiben, oder zumindest sehr lange. Und ich wär's zufrieden. Tut es aber nicht. Und zu den Petroglyphen: Da muss nur einer mal ne Wut drauf haben, sich dem Ganzen mit einem Stein nähern und es durch weitere Verkritzelungen zerstören oder zumindest unlesbar machen. Nee, nee, du, ich such was, wo andere sich nicht so einfach auch trauen, das nachzumachen. Und ich hab da eben auch schon so ne Idee. Aber eben …»

«Das willst nicht verraten, gell!»

«Sonst könnt die Person den Nobelpreis gleich beantragen! Nee, du!»

«Was? Aber den Nobelpreis beantragt man doch nicht, den bekommt man zugesprochen!»

«Ja, schon. Aber wenn die mal herausfinden, wie dauerhaft ich Schrift an und für sich gemacht habe, werden sie nicht drum herum kommen, mir den Preis zu geben, wenn auch nur für eine Zeile oder so.»

Jetzt lächelte Véra wieder. Kein Wunder, war der Typ doch wie ein junger Knabe, der mit allem Eifer etwas nachjagte, das doch nicht geschehen würde. Denn was besteht schon ewig? Auch die Erde würde eines Tages verschwunden sein. Und selbst wenn man etwas mit einem Satelliten in den Weltraum schösse, würde die Kapsel wohl an irgendeinem Meteoriten zerschellen. Ach, es war nicht weit her mit der Ewigkeit. Nicht in dieser Welt.

Trotzdem packte sie die Neugier und gespannt fragte sie: «Darf ich mal etwas schreiben?» *Grámma*. «Oder hast du gar kein Petroleum mehr oder was auch immer das ist?» *Grámma – littera.*

«Einfaches Benzin. Bleifrei. Und: klar. Kannst du. Ich war eh nur am Üben. Eben.» Er übergab ihr den Wassersprüher. «Versuch's ruhig. Was wirst du schreiben?»

«Danke. Na, das siehst du ja dann!» *Grámma – littera* – b ō k- (ō)

«Gut. Also ...», meinte er auffordernd. Und zeigte mit der rechten Hand auf den Rasen. Dann beugte er sich leicht zurück, sammelte hörbar Wasser in seinem Mund, spitzte den Mund leicht und – spuckte sie an.

Véra war viel mehr überrascht als beleidigt. Ein kurzes «He!» war alles, was sie herausbrachte, bevor der Bärtige schon nachreichte: «Macht man so vor grossen Auftritten. Dirigenten zum Beispiel wollen das auch. Das bringt Glück. Oder sie wollen einen Tritt in den Hintern. Das wär mir hier bei dir sogar lieber gewesen. Aber du bist der Bespuck-Typ.»

«Was? Wieso? Jetzt beleidigst du mich aber!»

«Nein, nein. Ist nicht so gemeint. Ich mein nur, dass du eher Wasser brauchst, also die Spucke, als den Tritt in den Hintern. Eben, du bist mehr der Bespuck-Typ.»

«Ich schreib jetzt einfach, ja. Wenn du mich also bitte währenddessen nicht mehr so überraschen würdest ...»

Und Véra setzte an beziehungsweise viel eher spritzte den ersten Buchstaben, das erste Wort, die erste Zeile, zweite Zeile, die dritte und letzte Zeile. Danach händigte ihr Theophil ein Streichholz und die Schachtel aus, Véra wiederholte den zuvor beobachteten chemischen Vorgang mit einem Ruck und hielt das brennende Hölzchen an den benzingetränkten Boden:

mehr licht
in die
finsternüsse

Nachdem er die Nachricht entziffert hatte, lachte Theophil laut auf und sagte: «Also so was: Du bist ja richtig begabt! Kurz, knapp, knackig und cool. Also echt!»

«Ach, das ist nicht so wild. Hab ich mir mal überlegt. Und bis heute im Kopf behalten. Immerhin ...»

«Trotzdem», entgegnete nun Theophil. «Du scheinst da ein Talent zu haben, gewisse Dinge auf den Punkt zu bringen. Sag mal, was ist denn bis heute dein schönstes Erlebnis in deinem Leben? Ich sammle nämlich so Infos für mein Schreibprojekt der Ewigkeit. Kann sein, jemand weiss noch etwas Besseres zu schreiben als das, was ich bereits im Kopf habe ...»

«Mein schönster Moment. Hm, wart mal ... hm, ja, ich denke, das war er. Also, ziemlich sicher: Hm, also an jenem Tag, an dem ich mit dem alten Knugge einen Hippocampus europaeus gefangen hab. Das kommt sehr sehr selten vor. Wir haben ihn danach aber wieder freigelassen. Und genau das war der schönste Moment: Wie ich den kleinen Fisch – es sind ja Fische, musst du wissen – wieder ins Wasser gesetzt habe. Ich fühlte mich dabei wie eine Art Schöpfer, also eigentlich wie eine Schöpferin, wenn es das Wort gäbe, die ihr schönstes Wesen in die Welt entlässt. Oder ihr spannendstes Wesen. Auf jeden Fall war das schön, enorm eindrücklich.»

«Hm, ja, das kann ich eventuell gebrauchen.» Theophil hatte ein kleines Notizbuch aus seiner rechten Gesässtasche gezogen, einen kleinen Bleistift aus der linken, und kritzelte nun ein paar Worte hinein. Das Büchlein sah schon reichlich zerfleddert aus und war ziemlich zerkrümmt. «Also wenn ich darf», fiel ihm noch ein.

«Ach, ja», bestimmte Véra, «das ist schon recht. Aber nicht, dass du es negativ verwendest, gell?»

Da blickte er ihr seltsam klar in die Augen und gab fast deklamierend von sich: «À la recherche du plaisir perdu gibt es eigentlich fast nie positive Erfahrungen. Aber wie du meinst.» Nahm das Notizbuch wieder hervor, strich das vorher Geschriebene durch, steckte beides wieder in seine Taschen, nahm Wasserspritzer und

Streichhölzer an sich, packte beides in einen kleinen Rucksack, den er am Boden hatte liegen lassen, schnallte ihn sich um, sagte kurz: «Tschüss!» und etwas weniger scharf: «Nach so einem Abschied sieht man sich wenigstens wieder, irgendwann, irgendwo, sagte meine Mutter immer ...» und ging zügigen Schrittes landeinwärts.

Véra war völlig überrumpelt. Sie – ja, sie verstand, *ja, was verstand sie nicht mehr? Ich habe es lange sein lassen können, nicht wahr, Marilin?*

Ja, Véra verstand wirklich nicht, warum ihr so etwas geschah. Das war ganz wie zuhause. Das war wie damals, als sie als kleines Mädchen am Strand ... *Es gibt so rücksichtslose Kinder. Bei Schokolade lief sie schreiend davon, weil also weil ...* Bei Mutter gab es nie Schokolade. Und niemand durfte ihr welche geben. Das schade den Zähnen. Und der Linie. Deswegen lief sie eben schreiend davon, wenn sie welche sah, eine Zeit lang. Da waren die Kartoffeln schon gewohnter. Auch wenn sie die im Keller ganz allein holen musste. Da legte sie eine nach der anderen in den Sack und erzählte sich dazu Märchen.

Es gab aber Kinder, die das ausnutzten, ihre Angst vor den dunklen Blöcken. Die ihr das Verhasste entgegenstreckten, sich an ihrer Angst weideten, oder sie im Sand eingruben, bis auf den Kopf, um ihr eine ganze Toblerone in den Mund zu drücken. Danach war Véra eine ganze Woche krank. Auch wenn sie sich am ersten Tag drei Mal übergab und die Schokolade eigentlich schon lange nicht mehr in sich trug.

Das und die ganze Kette von ähnlichen Erlebnissen, die ihr wieder in den Sinn kamen, wühlte Véra sofort innerlich auf. Sie spürte, wie sich der früher so oft hinuntergeschluckte Brocken wieder die Kehle heraufdrängte, wie sie nächstens heulend zu Boden sinken würde, wenn sie sich nicht sofort ablenkte, mit irgendetwas beschäftigte.

Worauf sie schnell ans Wasser trat und sich nach Steinen bückte. Sie wollte ihren Rücken spüren, den rauen Glanz der Steine oder die Schwere der grossen Klumpen, die man kurz anfasst, weil man glaubt, auch sie könne man leicht in eine Hand nehmen, die aber so viel schwerer sind als jene Steine, die man dann schliesslich ansammelt, um mit der rechten Hand auszuholen, ihn schnell nach vorne bewegend, und den Stein also mit Kraft ins Wasser schleuderte.

Doch das Steinewerfen erinnerte sie hier noch zu sehr an jenes zuhause, an den See, der .... Es brachte ihr Blut eher in Wallung, als dass es sie beruhigte. Immerhin fühlte sich Véra dadurch verjüngt. Ja, sie fühlte sich sogar auf einmal wie eine schwänzende Schuljule, *wie sie das nannte*, frei, trotzig, frei. Auch wenn der Puls weiterhin schnell ging, flink wie ein Fisch.

Und immerhin: Bei dem Gedanken, frei und nach

Belieben mit der Natur verkehren zu können, auf die sie sich besser verstand als die meisten Menschen – *dachte sie* –, wurde sie auch ganz unbekümmert froh. Frei mit der Natur, ohne sie zu schädigen, ohne Tiere zu quälen, ohne – *hoffentlich erschlug sie keinen Fisch mit einem Stein!*

Aber wenn sie an die anderen dachte, die meisten ihrer Mitmenschen, die sie immer wieder so herzlos behandelten, einfach so, manchmal mitten in einer Tätigkeit, wurde ihr Herz wieder schwer. Sie setzte sich – noch einen Stein in der Hand, auf einen grossen Steinblock. Und es überlief also doch, drückte hoch: Völlig hemmungslos weinte sie, bis weit in den Abend hinein. Sie konnte nicht anders. Vermochte es nicht aufzuhalten.

Dabei hatte sie sich so fest vorgenommen, von nun an, seit Beginn der Reise, des Fussmarsches stärker zu sein. Nicht immer gleich nachzugeben dem inneren Druck gegen den Wall, den man so aufbaut, lange, fest – aber halt mit vielen Löchern, wie jene von Tieren, sie sich in Wälle hinein schaufelten, hineingruben, und die bei Hochwasser so eine grosse Gefahr darstellten. Ach, aber sie wollte doch stark sein, unsere Véra. *Sie wollte.*

Doch: Sie schüttelte den Kopf, warf den Stein mit schwachem Schwung ins Wasser, stand etwas mühsam auf, und ging die restlichen Kilometer, bis zur nächsten

Ortschaft, wo sie sich eine Übernachtungsmöglichkeit suchen würde. Auch weil es sanft zu regnen begann. Aber ob Theophil nun wirklich Deutscher war oder die Sprache einfach gut beherrschte, wusste sie immer noch nicht.

Am nächsten Morgen war zumindest vom Wetter her vieles wieder gut. Und immerhin hatte auch die Nacht nur wenige Albträume gebracht, sie waren kaum der Rede wert, und so begab sich Véra schon bald nach dem Frühstück, das sie auf der Treppe des Bauarbeiterhäuschens, in dem sie geschlafen hatte, zu sich nahm, auf den Weg. Weiter in Richtung Quelle.

So richtig glücklich und frei fühlte sie sich heute nach einigen Kilometern allerdings nicht mehr. Abends, vor dem Einschlafen hatte sie nämlich wieder und wieder überlegt, was sie eigentlich vom Leben wolle. Es war ja das Hauptziel. Der Reise. Oder zumindest der Flucht. *Ja, was will man mehr als immer mehr und mehr im Leben, das uns ein mögliches Mehr vorgaukelt, der Wellen und der Ängste. Der Geborgenheit. Der Lust. Und sogar des Schmerzes. Aber wie ist es damit?*

Immerhin wussten die Beine, was sie sollten. Sie liefen so stark und ohne zu zögern weiter den breiten Flussarm hinauf, dass Véras Kopf –

WENN DU WEITER SO ÜBEL SCHREIBST, VERSTECK

ICH MICH. LAUF AN DIR VORBEI. ... SCHAU: AB UND ZU MACHT DAS SINN, WENN ES EINFACH SEIN SOLL, ODER GAR SCHLECHT GESCHRIEBEN, ABER JETZT?

Hm, wie wär's also damit? –:

Véra fühlte sich beim Blick auf die Strömung der Wellen wie vernichtet, vernichtet unter dem Lauf der Zeit, dem schneller und schneller sich drehenden Rad im eigenen Inneren, vernichtet unter dem Fatalismus der Geschichte. Der Einzelne, schoss es ihr einmal mehr durch den Kopf, war doch nur ein Schaum auf der Welle, die Grösse ein purer Zufall, ja, ein lächerliches Ringen gegen ein ehernes Gesetz, das zu erkennen das Höchste war, was man je erreichen konnte, *Unglückliche,* es zu beherrschen unmöglich.

Aber zum Glück kreuzten zudem gänzlich andere Gedankenfetzen ihren Sinn. Ein Lied etwa, vom dem sie vergessen hatte, woher es stammte, das sie aber als Kind auf irgendeiner Kassette oft gehört hatte, gesungen von einer hohen Stimme, die doch von einem Mann herrührte, und das sie immer tief berührte, egal, bei welcher Gelegenheit es ihr wieder einfiel. Ja, so tief hatte es sich in ihr Gedächtnis geprägt, dass sie es sich selbst bei allerlei Gelegenheiten vorzusingen getraute: «A great while ago the world begun, with hey, ho, the wind and the rain ...» Danach summte sie ohne Text weiter, weiter, es beruhigte sie, dieses Summen tief im Inneren, in sich, ohne gross die Lippen zu bewegen, nur zu summen, zu summen, zu summen, ohne aufhören zu wollen …

So kam sie an diesem Tag dann doch recht weit. Es läuft sich zügig mit einem Lied auf den Lippen. Das Herz der Welt im Schutz des geschlossenen Mundes, zwar auf der Zunge, aber in Sicherheit der Dunkelheit.

Und so begegnete sie auch kaum einem Menschen. Und wenn doch, lief sie schweigend vorbei, ohne auch nur den Mund aufzutun, oder versteckte sich hinter Bäumen. *Aber das tat sie doch sonst nie, nicht wahr, Marilin?*

Am Abend aber – *ha!* – musste sie dieses Mal länger suchen, bis sie eine Übernachtungsmöglichkeit fand. Und *aber die Worte wollen nicht, Marilin, wie ich es möchte. Marilin, sie strömen heraus, fliessen aufs Blatt, sie zerfliessen da jedoch, sehen müde aus und verbraucht, abgenutzt, abgelutscht, nicht so, wie ich es möchte. Die Worte, Marilin, sollten nicht derart stümperhaft da stehen, dort –*

Ach, aber wie soll ich es angehen? Einen Kurs besuchen und also drei Jahre warten? Alles weglegen und anders zu schreiben beginnen, ganz anders? Oder alles stehen lassen, um den Eindruck nicht zu verderben, der da mit seiner ganzen Unfähigkeit zur schönen, sauberen Formulierung dem Leser vor allem sagt: Da ist einer, der kann nicht schreiben, nicht so, wie es sein sollte, für ihn, für die Menschen, für den Preis, den er zu erringen hofft, der seine Illusionen bei jedem Wort ein wenig mehr zersplittern sieht, der nur holprige Rhythmen im Ohr hört, selten ein gelungenes Wort schafft, dabei, so denkt er, so denke ich, möchte ich doch all dies für eine Frau tun, die es verdient hat, verdient hätte, mehr als verdient, die es erwarten darf, darauf hoffen darf, damit rechnen will, damit sie, wenigstens, noch auf überhaupt etwas rechnen kann, dort, wo sie ist, vom Wasser umflossen, vom Wasser wie von einem Gefängnis umgeben, wie von hohen Mauern, die aber leichter zu ertragen wären als tiefes Wasser, über das man nicht kommt, über das hinweg man aber in eine Weite blicken kann, die dem empfindsamen Herzen in der Brust arg weh tut, die dazu verleitet, den Sprung ins Wasser doch zu versuchen, der zu nichts führen würde, oder sich wenigstens die Augen herauszureissen, auf dass man nicht mehr das kräftige Grün erahnen würde, das schöne Weiss, ein Gelb, an das man sich kaum mehr erinnert, auch wenn es dort ist, dort drüben, hier, hier, wo Du nicht sein kannst, wo Du, ach, wo Du nie mehr sein wirst, auch, wenn Du Ewigkeiten abwartest, abwarten musst, nicht ermächtigt, dem Ganzen ein Ende zu setzen, ein Ende ohne Schrecken, ein Ende, das Dich nicht warten lassen würde, auf dies, auf jenes, ohne dass Du Dich genau an Einzelnes besinnen vermöchtest, so weit ist der Nebel doch schon gedrungen, im Kopf, in den Windungen der eigenen Gedanken und Gefühle, die jeden Abend darauf hoffen, die ganze Nacht, dass der nächste Tag anders werde, anders sein werde, verschieden, nicht so wie alle bisherigen, die Du auf so klägliche Weise verbringen musstest, ohne auch nur ein Lied singen zu können, das Dir wenigstens die Zeit, das fliessende Element, das alles Bestimmende, das bei Dir doch ausser Kraft gesetzt war, einerseits, andererseits durch das Warten eben doch vorhanden war, ohne also auch nur ein Lied, das Dir wenigstens die Zeit hätte ein wenig vertreiben können, irgendwohin, wir wissen ja so wenig darüber, ich, wir, Du, es ist, sie ist so wenig zu fassen wie ein Glas Wasser aufzufangen ist, bricht einmal die umgebende Hülle, das, was das Wasser im Glas hält, das, was uns ein Geheimnis ist, was uns rätseln lässt über die Beschaffenheit der Welt, zumindest uns, die wir –, die wir nicht einfach alles annehmen, nicht alles als gegeben akzeptieren, uns fragen, hinterfragen, hintersinnen, hinter– ...

Ja, was, Marilin, steckt hinter den Dingen? Was steckt alles hinter all dem? Oder ist auch dies wieder kindisch, lächerlich, danach zu fragen, sich überhaupt auf die Suche zu machen, sich auf die Suche zu begeben, nach dem, nach jenem, nach uns selbst, nach –

Dabei ist manchem schon das eigene Ich mehr abhanden gekommen, als wenn er nur brav zuhause geblieben wäre, bei seiner Arbeit, bei seinen «Liebsten», bei seinen Träumen der Nacht, bei dem, was die Menscherl so ein

Leben nennen, ein braves, das einen schönen Grabstein abgibt, den man dann auch pflegt, statt ihn verwildern zu lassen, statt ihm –, statt sich seiner zu schämen, dem verpfuschten Leben, welches das eigene Kind – man denke: das eigene Kind! – uns angetan hat, ihnen angetan hat, ihr, ihm, allen angetan hat, mit einem Lachen sogar im Gesicht, ein Lachen im Wasser, in der Feuchtigkeit, in der –

Müde hatte sie sich hingelegt, die Decke bis über den Mund gezogen, und unzufrieden mit sich selbst doch den Kopf geschüttelt. Was sollte sie tun? Véra war ratlos. Ach, ach. Und musste sie in dieser Lage von draussen her auch noch das Surren der Stromleitungen im nassfeuchten Wetter hören?

Sie hatte das Geräusch schon als Kind nicht sonderlich gemocht. Es faszinierte sie zwar, dass die Leitungen, von Mast zu Mast, die wie Kreuze in der Landschaft standen, bei feuchtem Wetter zu surren begannen, wie bei Sonnenschein nur selten, nur einige der Drähte an bestimmten Stellen. Aber unerklärlicherweise verband sie damit etwas, das sie nicht mochte, etwas, das einen schweren schwarzen Punkt in ihr Inneres setzte, der sich dort festsetzte, der sie dazu brachte, die Welt wie durch eine Brille mit vielen Schlieren zu sehen, zu hören, denn selbst dort –

Merkst du, wie es abfärbt? Für einmal nette Grüsse ...

So überkamen Véra wieder die zu hellen Gedanken, die gleissend schmerzhaften Erleuchtungen, die sie schon als Kind nie gemocht hatte, weil niemand sie verstand, selbst Knugge nicht wirklich. Die blendenden Gedanken, sie drehten sich sowieso immer nur im Kreis, im Kreis: «Wenn wir sechs Jahre alt sind», musste sie also wieder denken, «Wenn wir sechs Jahre alt sind, werden wir arretiert. Später, nach der Schule, müssen wir arbeiten, schaffen, schaffen, Häusle bauen, Rechnungen bezahlen, ein Auto leasen, heiraten, den Rasen pflegen, Kinder zeugen, Kinder in die Welt setzen, Kinder ernähren, gute Miene zum bösen Spiel machen, Fussball sehen, Joggen gehen, den Körper pflegen, die eigenen Enkel willkommen heissen, endlich in die Ferien gehen, ein wenig Urlaub haben, Fotos schiessen, Fotos zuhause zeigen, braun gebrannt nach Hause kommen, um wieder vor der eigenen Tür zu kehren, die Blumen zu giessen, Brot zu essen, Brot zu verdienen, Brot einzukaufen, Brot den Schwänen zu verfüttern, Butter aufs Brot zu streichen, ach … Und wenn man nicht verunglückte, kam man mit 65 heraus. Leicht gekrümmt und hundemüd. Der Körper ist futsch, die Männer grau und besserwisserisch, die Frauen vom vielen Verzicht ganz grämlich, die Kinder ahnungslos der eigenen, kommenden Verblödung entgegendämmernd … Ach …»

Ja, es war schwer, so einzuschlafen …

So lag sie denn wie ein Bleiklotz da, hörte und sah die ausgelöschte, finstere Stille des Zimmers und konnte sich doch nicht mehr rühren. *Kennen Sie das: Dunkelheit dehnt sich aus und zieht sich zusammen? Nicht im Tempo des eigenen Pulses, nicht pulsierend. Viel langsamer. Sie haben die Augen offen, starren ins Dunkel des Zimmers, und die Dunkelheit dehnt sich aus, zieht sich zusammen, dehnt sich aus, zieht sich zusammen, als ob sie lebte, als ob sie demnächst von einem Besitz ergreifen wolle, als kündige sie ihren Machtanspruch über die Menschen zuvor an, im Puls ihrer ganz eigenen Gewissheit, dass sie am Ende, wenn nichts mehr ist, nicht Sonne, nicht Sterne, nicht Meteoriten, einfach nichts mehr, dass da die Dunkelheit herrschen wird im All, im Überall.* So lag Véra da, wälzte sich, lag mal auf der Seite, mal auf der anderen, drehte sich auf den Bauch, auf den Rücken, wälzte Gedanken, wälzte ihr Leben, horchte dem Tropfen der Zeit aus dem Wasserhahn nach, hörte ein paar Mäuse in den Zwischenwänden, die hohen Töne der Fledermäuse, die durch das nächtliche Luftmeer segelten, irgendwo ein Käuzchen, was es wohl wollte? Und als sich ihre Augen scheinbar ans Dunkle gewöhnt hatten, als sie schon meinte, sie werde dunkelsichtig, wurde sie einige Minuten später gewahr, dass Licht unter der Türschwelle durchdrang, durch die nicht allzu dichten Fensterläden, ja, sogar durch einige Spalten im Holzdach. Es dauerte noch einige zusätzliche

Minuten, bis sie realisierte, dass der Hahn des Morgens bereits voll aufgedreht worden war. Draussen musste die Sonne wohl schon über die Bäume und Äcker fliessen, die Blumen wecken, das Holz der kleinen Hütte wärmen und den Fluss in ein glitzerndes Band verwandelt haben.

Aber was war das grausam: Die ganze Nacht wach gelegen zu haben, ohne schlafen zu können, ein paar Meter entfernt wachte die Welt lachend auf, während sie vor lauter Müdigkeit hätte weinen können.

Ja, Véra war müde und fühlte sich völlig zerschlagen. Nicht so, wie es nach einem harten Tag Arbeit der Fall war, wo man sich zuhause selig in den Sessel plumpsen lässt, weil man weiss, was man getan hat. Auch nicht so, wie sie sich als Kind fühlte, wenn sie einen ganzen Tag am und im Meer verbracht hatte: Nass und salzig lief sie dann jeweils barfuss nach Hause, in Gedanken noch erfüllt von der Gewalt der unendlichen See, die in ihren eigenen Ohren gebraust hatte, vom Geruch der Fische, die sie beobachtet hatte, und leckte auf dem Rückweg gerne an ihrem Unterarm, um die vom Ozean erfrischte und von der Sonne verbrannte Haut zu schmecken. Ja, das ekstatische Gefühl, einen ganzen Tag lang bis zur Betäubung von der See umhergeschleudert worden zu sein, der Geschmack und der Geruch, das alles berauschte sie so sehr, dass nicht viel gefehlt hätte, und sie hätte plötzlich zugebissen, um aus sich ein Stück herauszureissen und ihre fleischliche Existenz ganz und gar auszukosten.

Aber ach, ach, diese Stimmung war so grundverschieden von der Müdigkeit, von der Schlappheit, die sie jetzt verspürte, dass es sie noch trauriger stimmte. Nicht immer, ja wahrlich, nicht immer war der Gedankenstrom der poetischste Fluss, den es gibt. Vor allem, wenn der Fluss durch einen epischen Wassersturz ersetzt wurde.

Nach zwei Stunden stand Véra dann doch auf, müde, zerschlagen, missmutig. Es mag diese Stimmung gewesen sein, die sie veranlasste, es einmal auf gänzlich andere Weise zu versuchen: Sie würde in die Kirche gehen und beichten! *Ach, nein, warum denn das? Jetzt wird es aber eklig …* Ja, sie würde das versuchen. Sie war ja nicht religiös aufgewachsen, und wenn auch die seltsamen Handhabungen und Mythen in einem gewissem Alter mächtig anziehend auf sie gewirkt hatten, so hatte sie spätestens nach der Pubertät kein Bedürfnis mehr, je einer religiösen Glaubensgemeinschaft anzugehören. Das Meer war ihr Religion genug. Es war auch der einzige Punkt, mit dem sie bei Knugge nie ganz einig wurde. Der glaubte zwar auch nicht wirklich an einen christlichen Gott, aber, so meinte er jeweils, wenn sie – selten genug – auf das Thema zu sprechen kamen: «Es ist doch süss, dass sie auch mich da mitbeten lassen müssen. Hinterher rufen sie dann wieder aus, aber in der Kirche drin, da winken sie mir mit ihren Augen zu, als wär ich ihr ganz privates Schäfchen, dem sie eine besondere Ehre antun, weil sie es gewissermassen retten, indem sie es in der Kirche tolerieren ...»

Doch wie gesagt, Marilin: Véra hatte all die seltsamen Riten nie selbst ausprobiert, und ganz sicher nicht das Beichten, das ja eine rein katholische Einrichtung war. Trotzdem schien es ihr nun, als müsste sie auch dies einmal durchmachen, um ganz reingewaschen zu sein, um neu anfangen zu können. So eine katholische Kirche würde doch relativ einfach zu finden sein ...

Der alte Pfarrer, der nur bei seiner Kirchengemeinde geblieben war, weil man keinen Nachfolger finden konnte, *dieser alte Pfarrer also* hatte eine Art, Gäste zu bewillkommnen, die eine lautlose Rhapsodie war. Ekstatisch strahlend nahm er bedächtig und zärtlich die Hand eines Gegenübers, legte sie zwischen seine weichen Handflächen, hielt sie in feuchtem Schweigen fest, als wäre sie ein begehrter Schatz oder ein winziger Vogel, ganz Flaum und Herz, und mehr mit seinen Augenfältchen als mit seinen Augen strahlte er den anderen an; dann aber löste sich das silbrige Lächeln ganz langsam auf, die zarten alten Hände gaben allmählig *(allmählich?)* ihren Inhalt frei, in seinem blassen, feingestalteten Gesicht trat ein leerer Ausdruck an die Stelle des inbrünstigen Leuchtens, *des inwendigen Brünstens,* und schliesslich liess er den anderen stehen, als wäre ihm ein Irrtum unterlaufen. *Untergelaufen.*

Und so, ohne ein Wort zu sagen, begab sich der Priester langsam zu seinem Beichthäuschen. Erst drehte er sich zu Véra um, die ihm gefolgt war, und sprach sie auf Niederländisch an, *Nederlandse taal,* ganz onderonsje und een vergissinkje. Véra verstand natürlich nichts und musste ihm erst auf Englisch begreiflich machen, dass sie entweder in dieser Sprache oder auf Deutsch beichten wolle. *Mir entgleitet die Geschichte, Marilin, mir entgleitet das Erzählen. Ach, Marilin, siehst Du die Sterne am Himmel, die vielen Augen, die auf mich heruntersehen, die mich ständig beobachten, zum Wahnsinn treiben, die mich auslachen, tagsüber, die nicht auf meinen Anruf reagieren, des Nachts, ach, Marilin, warum nur sind wir hineingeworfen worden in so eine kalte Welt, in der sogar der Schweiss am eigenen Leib noch gefriert.*

Ach, der Priester sprach kein Englisch. Aber so viel wie er mit den Händen darlegte, verstand Véra, was er ihr sagen wollte: Sie solle ruhig auf Deutsch beichten, das mache nichts. Der grosse Gott würde sie ja schon verstehen. Es brauche nur einen Priester, der ihr zuhöre. Was er gerne für sie mache.

Und begab sich ins Beichthäuschen. Wo ihm Véra fast auf den Schoss gesessen wäre. Niemand hatte ihr je gesagt, dass es zwei Türen gab, dass sie nicht in einem

Miniaturhaus sitzen würde, wo es einen Kaffeetisch in der Mitte gäbe und zwei Stühle rechts und links.

Erst nach einem überraschten Blick ins Kabäuschen verstand sie also, wie die ganze Einrichtung aufgebaut war. Sie machte die kurze Runde zum anderen Eingang, *Tür auf,* sie trat ein, schloss die Tür, aber, *schon wieder*: Da war kein Stuhl, keine Bank. Nur so ein seltsamer kleiner Schemel mit Stoffbezug, wohl hart genug, selbst für sie. Ob die katholische Kirche sparen musste? Oder ob das ihre Art war, demonstrativ zu zeigen, wie arm sie sich fühlten? Oder wie fest an die Erde gebunden? Wenn man so tief sass?

Auf jeden Fall vermochte sie auf diesem Stühlchen *sitzend* nur ganz knapp die obere Gesichtshälfte des Pfarrers zu sehen, das ihr dort im Dunkeln und durch das Gitter seltsam verschwommen vorkam, fast schon hatten seine Gesichtszüge etwas, *etwas, na: auf jeden Fall etwas Seltsames an sich.*

Aber darauf kam es jetzt nicht an. Véra wollte zum ersten Mal in ihrem Leben beichten, also würde sie das auch tun. Sie war ja lange schon aus dem Alter heraus, und nun sogar frei genug, etwas nicht zu tun, das sie sich einmal vorgenommen hatte. Also …

Aber. *Wieder: Aber.* Sie hatte ans Wichtigste nicht gedacht: Wie eigentlich ging das vor sich? Erzählte man hier bloss? Oder musste man bereits beim Berichten eine tiefe Zerknirschtheit an den Tag legen? Gab es

Unterschiede von Pfarrer zu Pfarrer, gewisse Vorlieben, die die Einwohner des Dorfes kannten, und die dazu führten, dass ihnen die Sünden vom Alten eher vergeben wurden? Oder war es von Land zu Land verschieden? Oder kam es gar nicht auf den Priester an, viel eher auf irgendeinen hohen Herrn im Hintergrund, der dem Pfarrer befahl, wie er das mit der Beichte machen solle?

Nun, sie würde einfach versuchen, das zu sagen, was ihr wichtig war. Was sie, als sie so lange wach lag, wieder einmal nicht loswerden konnte, das wieder und wieder auf sie einwirkte, wie ein stetig fallender Regen am Äquator. Und so wartete sie noch eine Weile, unsere Véra, die zum ersten Mal im Beichthaus sass, hörte auch, wie der Priester irgendetwas auf Latein sagte – «Quae me cumque vocant terrae», er liebte so Spässchen – und begann dann nach nochmals einiger Zeit mit dem, was sie doch beschäftigte, was sie belastete, wie ein Stein am Fuss, *ein Stein um den Hals, ein Stein, der ...*

«Wissen Sie, Herr Pfarrer, ich hatte mich schon bei Barry gefragt, warum wir eigentlich sterben müssen. Beim eierhaften OO noch nicht, warum auch, aber Barry war mir nahe. Ach, Barry, das war übrigens der Hund von Knugge. Aber das ist da eigentlich egal. Nun, also ... Also bei Pirata ging es mir erst recht nah. Und bei Vater. Warum musste meine Mutter nicht zuerst gehen? Das frage ich mich immer und immer wieder. Ist es, weil es doch eine Belohnung sein soll, dort zu sein, dort ... oben? Oder ist es, ist es bei meinem Vater nicht eher ein unten? Und warum wissen, ich mein', ohne Beleidigung, warum wissen wir nicht mehr darüber? Sie, Herr Priester? Sie, also Sie tun doch immer nur so, nicht? Sie können mir doch auch nicht sagen, wo mein Vater jetzt ist, nicht? Ich weiss, das ist alles reichlich ... nun ja ... Aber schauen Sie sich mal ein Fussballspiel an: Fast alle Zuschauer beten. Wenn das nützen würde, müssten doch alle Spiele mit zwei Siegern enden oder alle mit einem Unentschieden, nicht? Aber eben, das ist doch nicht so, das ist das Verrückte. Oder Normale. Das ist doch ... Man fragt sich, also ich frage mich, aber auch Knugge hat sich manchmal, wissen Sie, wenn er grad wieder noch nicht genug getrunken hatte, aber schon ein wenig, also dann fragt er sich auch immer öfter, was das alles eigentlich soll. Aber er hat's nie so schlimm genommen. Er freut sich irgendwie. Ihm ist es egal. Er hat so seine Hütte, das Meer, etwas zu trinken, da fühlt er sich recht wohl. Und –

Plötzlich stockte Véra. Sie hatte draussen etwas gehört. Draussen vor dem Beichtstuhl. Ja, da kamen Schritte auf sie zu. Und da – ja! Da wurde doch ihre Türe geöffnet, die Tür, hinter sie auf dem kleinen Schemel sass.

Zu ihrer Überraschung war es der Priester. Offenbar war er während ihrer ganzen Rede gar nicht mehr im

Beichthäuschen gesessen, sondern hatte ..., ja, was getan? *Auf der Toilette war er gewesen. Quae me ... ach ...*

Nun schaute er sie etwas befremdet an und sagte dann mit einem starken Akzent auf Deutsch: «Frau, komm!», und lief in der Kirche nach vorne, zum Altar.

Ach, jetzt sah sie es. Jetzt sah es Véra. Deutlich, immer deutlicher. *Immer mehr, immer schneller, immer klarer.* Ja, eigentlich war er, der Priester, war der Priester irgendwie lächerlich. Lächerlich in seinem seltsamen Gewand, das er auf dem Klo doch auch hochheben musste, wie eine Frau in einem Kleid, einem Hochzeitskleid. Er war seltsam mit seinen seichtwasserblauen Augen, die so offensichtlich bemüht ins Leere zu blicken versuchten. Mit seinem Schritt, der mit all den Jahren in der immer gleichen Kirche richtiggehend schlurfend geworden war, was er wohl für eine zur Schau gestellte Weisheit hielt. Nicht zuletzt mit seinen billigen Worten, die kaum Tröstung verschafften. Auch wenn sie sie verstanden hätte. Das ahnte sie. Lächerlich. Und trotzdem hatte er eine Miene aufgesetzt, die hochwichtig tat, die tun wollte, als wache er vor einem Tor, das den Einlass bedeutete nicht nur zur Hölle, sondern als stünde dahinter eine riesige Welle bereit, sässe bereit, eine zweite Sintflut, eine Wassertrübung der besonderen Art, die Guten von den Schlechten zu trennen, jene, die ein Boot hatten von denen, die höchstens

Planken kaufen konnten, einzelne, oft nicht genug für ihre ganze Familie. Die Vögel von den Käfern.

Ja, er war, der Priester, wie alle seiner Sorte, entsetzlich lächerlich wie ein Zwerg, der sich unter einer sechs Schuh hohen Tür bückt, aus Furcht, im Durchgehen die Stirne anzustossen.

Warum hatte sie das heute Morgen nicht auch schon wieder gewusst?! Warum war sie hierhergekommen? Und wieso folgte sie ihm noch nach vorne? Dabei kannte sie doch seinesgleichen. Kannte jene, Typen, die immer seichte Worte hatten, aber nie Tiefe. Warum folgte sie ihm?

Ja, sie konnte doch genauso gut umkehren. Nee, *nicht umkehren*, einfach aus der Kirche spazieren, als wäre nichts gewesen. *Es ist ja auch nichts gewesen. Nur der Priester hat an der Wand ein Photo seiner Lieblingsschülerin, die vor einem Atoll posiert. Das Wasser im Hintergrund brandet gerade heftig gegen das Atoll und weit schiesst es in die Höhe. Während die Schülerin wie eine Seejungfer sich hinschmiegt auf dem Mäuerchen irgendwo in der Südsee, wo das Herz hinzeigt, wo unser Herz schwach wird, wo ...*

So liess sie einen reichlich verdutzten Priester zurück, der ihr noch etwas nachrief, und lief weiter, oder lief, wie auch immer, dorthin, wo sie meinte, ein Ziel zu haben. Begab sich auf den kurzen Weg Richtung Fluss, zum Wasser, dorthin, wo sie sich doch in den letzten Tagen am wohlsten gefühlt hatte. Véras Element.

Ja, und damit folgen wir, liebe Marilin, Du und ich, folgen wir wieder der Schleimspur unserer narrativen Schnecke, der Schnecke unserer Geschichte, die Schnecke der Geschichte der Wasser, der vielen Wasser, des Rheins zum Beispiel, der ... – Aber da, am – wieder am Fluss – dann doch lieber die direktesten Gedanken, ein schleimiges Abbild des Fliessens, des ... ja, des zähen, des sämigen Lebens selbst, gallertartig:

Es. Sprudelt. Die Quelle. Genügsam rein. Fliesst der Jungrhein. In mehreren Teilen sogar. Als Bächlein die frische Bergwelt hinunter. Hinunter und herunter für die Menschen. Die es die ersten Kilometer gar noch nicht schaffen. Den noch quicklebendigen Rhein mit allergröbster Achtungslosigkeit zu verschmutzen. Ihn grausam zu quälen, ihn zu vergiften, ihn zu misshandeln, ihn zu schinden, wo sie grad wollen. Und je länger er fliesst, je älter er sich vorkommt, je weiter er sich von seinem Ursprung bewegt, desto mehr traktieren sie ihn, die Menscherl, nehmen sie auf ihn keine Rücksicht. Sie zerpflügen seine silbern strahlende Oberfläche bei Sonnenschein mit Schnellbooten, sie zerteilen ihn bei jedem Wetter als dunklen Strang im Land mit Riesenschiffen, auf denen grinsend die Herren Zigarren über Bord werfen, Damen ihre Taschentücher, die einen

Hauch Transpiration zu viel aufgenommen haben. Und so fühlt sich das Bächlein, fühlt sich der Bach, fühlt sich der Fluss, fühlt sich der Strom älter und älter und älter, verbrauchter und verbrauchter, abgearbeitet, nicht geschätzt, benutzt und nicht geschätzt, bloss zum eigenen Nutzniessen verwendet, verschleudert, in Becken gepresst, in die Luft verdampft, in Kanäle gezwungen, versoffen, umgeleitet, gestaut, über Felder gegossen, umgegossen, verflossen, genossen, ungenossen, unverdrossen bis dahin, da, dort, ins Meer, ins Unendliche, ins Unerdenkliche, ins –

Hör damit auf, dass ist ja bloss noch eine Privatsprache ...

Sind nicht alle grossen Werke letztlich in einer Privatsprache geschrieben, in einer Sprache, die –

Das, gross?!

Nun ja ...

So lief Véra also los, Richtung Fluss, oder in jene Richtung, in der, wie sie dachte, der Fluss läge.

Doch nach einigen Minuten plötzlich nicht mehr sicher, ob sie in die geplante Richtung laufe, strebte sie – sich umzusehen, wohin sie sich wenden müsse, ohne jemanden fragen zu müssen, der ewige Bückling vor Unbekannten ... – kurzentschlossen ein Hochhaus an, wohl das Einzige, das es dort gab. Eine Bank hatte es errichten lassen, habe ich sagen hören, die nun die untersten zwei Etagen benutzte.

Schreib syntaktisch einfacher! Was soll das? Kann ja keiner lesen!

Dennoch war es kein Problem, durch den Haupteingang, dem Eingang der Bank quasi gegenüber, das hohe Haus zu betreten, ins Dunkle zu treten, sich kurz umzusehen, zwar die Treppe zu sehen, aber angesichts der langen Wanderung über die nächsten Wochen, die sie noch vor sich hatte, den Schritt zielsicher gegen die Aufzugstüre hin zu lenken.

He! Hallo!

Véra betrat also die relativ enge Liftkabine, drückte den Knopf mit der höchsten Zahl, und spürte dem Kribbeln nach, das immer ganz leicht in Bauch und Kopf zu summeln (Bitte was?!) begann, wenn man schnell nach oben oder unten saust, mit einem Blick, der nach innen ging, in die Vergangenheit, die ferne Vergangenheit, in ein Damals, ein Damals, als sie aus der Zwillingsnacht der schweizerisch-deutschen und der knuggeschen Revolution durch die von Ghulen durchgeisterte Provinz Perm, durchs Pleistozän, durchs Holozän, durch die früheste Neuzeit, die frühe Neuzeit, die nicht so frühe Neuzeit, die jüngere Neuzeit, die jüngste Neuzeit – Kohle, Feuer! – aufstieg zu ihrer Zimmernummer auf ihrer Hoteletage des Lebens in einem entlegenen Land, verwegenen Land, hinauf, hinaus, wie in einem jener Expresszüge, die als Kind noch Spass bereiten, bedient von den zarten Händen ..., im Alter zum Erbrechen erregen, jene dunklen Männer mit sinkenden Mägen und steigenden Herzen, die niemals das Paradies erreichen, welches schliesslich kein Dachgarten ist.

Aus der fernsten Vergangenheit aus allen Perioden der Erdgeschichte hindurch zur Gegenwart, das meint das, während sie mit dem Fahrstuhl die zahlreichen Stockwerke eines Hochhauses hinauffährt. Ghul kommt von Poes «Ulalume» («ghoul-haunted woodland of Weir»). Warum all dies? Nun, diese ferne Vergangenheit der Welt lebt unter uns mit ihrer Brutalität usw. nur ein paar Stockwerke entfernt fort. Das Ich ist immer nur in einem Zimmer des ganzen Weltenbaus, einer Hoteletage nicht nur in der gegenwärtigen Welt, sondern auch in einer unendlich grösseren, tragisch einsamen, wo die ganze Vergangenheit noch immer Gegenwart ist.

Durch all die Geschosse hindurch erreicht die Fahrstuhlbenutzerin oder der Fahrstuhlbenutzer Mensch nie das Paradies oder auch nur einen Dachgarten. Die Welt ist also zwar vom Archezoikum zur Gegenwart gelangt und von Höhlenwohnungen zu Hochhäusern mit Dachgärten, vom wahren Paradies auf Erden jedoch so weit entfernt wie nur je.

DAS MÜSSTEST DU NUN WIRKLICH NICHT ERKLÄREN. ACH, NAJA ...

Oben angelangt ging Véra hinaus, und sogleich schloss

der Lift mit einem optischen Schnappen seine hellen braunen Augen. Fast im gleichen Moment, nur einige Wimpernschläge später, blickte das Mädchen mit den Perlenaugen in der Landschaft umher: liess seine Augen zuerst herumfliegen wie ein Adler, senkte sie dann an einigen Orten herunter auf die grünen Wiesen, dunklen Hügel, um sich wie ein Maulwurf in die Wasseradern zu vergraben, die sie in der nicht allzu weiten Ferne sah.

Ja, es musste der Strom sein, den sie suchte. Ähnlich Breites gab es im ganzen Umkreis nicht. Uff, so glücklich war sie heute noch nie gewesen. Oder erleichtert.

Endlich gab sie sich einen Ruck und eilte auf das Häuschen neben dem Aufzug zu, um nach unten diesmal die Treppe zu nehmen. Am Anfang bereits in zügigem Tempo, ging sie dann schneller und die Wendeltreppe hinunter, übersprang ganze Stufen der vernachlässigten, aber würdigen Treppe. *Ach, Marilin, vermisst Du das nicht, dieses Sprühen von Leben, diese Energie, diese Säfte, die aus dem eigenen Körper fliessen, wenn man ganze Welten hinter sich lässt, ganze Welten, die einem nicht gefallen, in denen man sich nur bewegt, um in andere zu gelangen, oder um sich zu vergewissern, dass es noch schlechtere Welten gibt als die, in denen man lebt, in denen man ... in denen nicht das ganze Abendland sich einem auf die Brust setzt, ein Druck auf die Brust ... so dass man keine Lust mehr kriegt, fast keine*

Luft mehr kriegt, dass man sich am liebsten über alle Meere begeben würde, zumindest zum Wasser, um diese ganze dunkle Seite hinter sich zu lassen, die eigentlich weiss auf schwarz gedruckt werden sollte, die eigentlich mit Flutscheinwerfern in die Nacht hinausgestrahlt werden müsste, die … aber ich vergesse mich, vergiss mich, vergiss …

Unten angekommen lief Véra im angeschlagenen Tempo weiter, lief weiter, lief dorthin, wo sie dachte, wo sie nun dachte, sie wisse, lief dorthin, wo sie zu wissen meinte, wo das Wasser liege, wo der Rhein liege, hier noch ein Strom.

Kaum hatte sie jedoch die Strassen der kleinen Stadt oder des grösseren Ortes hinter sich gelassen, kaum war sie ein wenig in den Feldern … – *warum hat es hier Felder?* – … kam es ihr seltsam vor, zu weit die Landschaft, zu ruhig. Zu farbig auch, zu erträglich. Die blaue Schnecke, sie kroch gemächlich auf sie zu, die gewellten Hügel bewegten sich sanft auf und ab, die Wolken dümpelten im Himmelsblau herum, eine war grad ne Ente, die nächste verzog sich zum Fisch, eine legte sich Véra als Boje quer … – und da wusste sie es: Es war zu ruhig. Ja, es war zu ruhig! Das konnte, das mochte nicht ihr Kosmos sein, in dem sie sich … in dem sie sich zwar augenblicklich wohlfühlte, in dem sie …, ja, in dem sie … in dem sie fast wie zu schweben schien … hm, nein, nicht zu schweben, zu gleiten, zu fliessen, nein, das dann auch nicht wieder, zu ... ja, zu schwimmen, getragen, sanft gehoben ... in dem sie also ...

Aber sie kam nicht zurecht. Wie wohl sie sich auch fühlte, sie hörte den Fluss nicht, fand den Fluss nicht, fand nicht zurück, hörte nur, ja, hörte was eigentlich? Sie hörte nichts, oder nur das Rauschen in den Ohren, den kleinen, leichten Wasserfall des Blutes in den Ohren, und wenn sie fest hinhorchte, ja, wenn sie ganz genau aufpasste, sich konzentrierte und hinhorchte, hörte sie ... hörte sie nun auf einmal ganz sachte noch etwas, etwas wie ein kleines Insekt, das näherkam, das in der Luft summte, in der Luft flog, das aber näherkam, im Zickzack vielleicht, aber dennoch: Das näherkam, näher und näher ... näher und näher, so nah, dass ... , ja, so nah, dass es doch eigentlich gleich neben ihrem Ohr fliegen musste, sich da quasi in der Schwebe halten, oder sich gleich, jetzt dann gleich ihr auf die Ohrmuschel setzen, sich neben ihr Rauschen setzen, den Wasserfall, das kitschige Bild der modernen Erholsamkeit, der Ausklammerung alles Schlechten, der Erfüllung des Glücks mitten im hektischen Leben, mitten im ...

Aber da war kein Insekt, da war kein ... – die Hand, die sie reflexartig gehoben hatte – was tun wir nicht alles aus diesem Reflex den geringen, den geringsten Lebewesen an, den geringsten unter den Geschöpfen, von denen ... von geringsten, die da gerinnen, die da ...

Erst nach einiger Zeit begriff Véra, dass sie da kein Insekt hörte, kein Tier, sondern etwas Menschliches, etwas von Menschen Gemachtes, etwas ..., ja, etwas, das nur von Maschinen so tönen konnte, als wäre es nah und leise, dabei war es noch ein ganz schön Stück weg und doch schon so deutlich zu hören ... Es war, ja, es war ... ein Helikopter! Jetzt sah sie ihn. Sah den Punkt, wie er im Blau des strahlenden Himmels, nur einige Fische schwammen darin, ein Seepferdchen reckte den Kopf und wich dem Hubschrauber aus, der Maschine, der Menschenmaschine, dem Lärm, dem Krach, den heranrudernden Rotoren, die akustische Flutwellen warfen, akustische Wellen heranbranden liess, eine Bewegung, der man nicht ..., der man nicht ausweichen konnte.

Aber Véra konnte auch sonst nicht ausweichen. Mochte sie es sich auch wünschen, mochte sie es im ersten Augenblick auch tun wollen, sie ahnte, nein, sie wusste, sie merkte, dass der Hubschrauber direkt auf sie zuhielt, dass er ..., ja, dass er nie ein anderes Ziel gehabt hatte, heute, als ..., als zu ihr zu kommen, sie zu holen, sie ..., sie aufzunehmen und mitzunehmen, dahin, wo ...

Es galt, das wusste sie, das konnte gar nicht anders

sein – und da wurde sie auch ruhig, noch ruhiger, gar nicht mehr aufgeregt, es galt also, es galt einfach mitzugehen, es geschehen lassen, sich mitnehmen zu lassen, dorthin, wo auch immer sie hingebracht werden sollte, wo sie ...

GENAU!

Und da landete er auch schon, kam herunter, kam aus dem Himmelsblau hervor, setzte etwas schräg schwimmend hinunter, setzte fast auf, setzte beinahe auf, machte noch einen kleinen Sprung, als würde er sich das Nass von den Federn schütteln, als würde er etwas abstreifen, als wollte er beweisen, dass es da mehr gab als nur Luft und Stille und die Wälder, über die er geflogen kam ..., machte also einen kleinen Hopser – und setzte endlich auf.

Die Tür schwang auf, heraus kamen zwei junge Frauen, die sich Véra näherten und ihr mit einigen Zeichen zu verstehen gaben, dass sie sich nicht zu fürchten brauche, dass sie ruhig mitkommen könne, dass alles, ja, dass alles, alles gut werde.

Aber Véra hätte diese Beruhigungen gar nicht gebraucht. Sie wusste ja, *ja, sie wusste ja*, dass ihr nichts passieren konnte, nicht hier, nicht jetzt, nicht unter diesem Himmel, in diesem Blau, in dieser heutigen Welt.

So liess sie sich ganz ruhig mitnehmen, liess sich führen, mit ein bisschen sanftem Druck, damit sie wusste, wo genau sie den Hubschrauber hochklettern sollte, auf den Sitz hoch, in die Kabine ..., die, kaum war sie angeschnallt, sich in die Luft schwang, in die Luft sich bewegte, sanft, auch war der Lärm hier gar nicht so gewaltig, war gar nicht so ohrenbetäubend, gar nicht so ...

Und in der Luft ging es weiter, bewegte sich das Maschinentier weiter, höher und weiter, flog und flog, und Véra bekam gar nicht genau mit, wohin es eigentlich ging, so sehr sah sie nur schräg nach unten, so sehr genoss sie den Flug, staunte über das Blaue, das Weisse, sah auf die blauen Wasser nieder, die eigentlich silbern glänzten, wie Zündschnüre in der Landschaft, wie lange Dochte der Zwietracht, schoss es ihr plötzlich durch den Kopf, wenn die Menschen einmal das Wasser als teuren Rohstoff behandeln werden, werden behandeln müssen, dabei war es doch nur ... war es doch eigentlich eine Art Schwanzfresser, was sich dort unten auf der Landschaft hingelegt hatte, was sich überall auf der Welt hingelegt hatte, die weissen glitzernden Bänder, die doch alle ins Meer flossen, dort aufstiegen, wieder herunterkamen, hervorkamen, sich erneut zu Bändern webten, zu Bändern wurden, sich selbst, ja, sich selbst in den Schwanz bissen, Uroboros, hier und dort und dort und hier, überall, jetzt und früher und später und immerdar ... ein silbernes Band auf dem Rücken der Erde, dem geschundenen Rücken der Erde ...

Ich sitze am Webstuhl der Gedanken und webe der Welt ihren geflickschusterten Riesenteppich, Marilin, der Welt und dem Himmel, dem Bau und dem Blau, ich webe, Marilin, ich webe und webe ...

Benommen wachte sie auf – und staunte: Véra befand sich wieder in der Hütte, in der sie vorige Nacht geschlafen hatte. Oder befand sie sich etwa immer noch dort, war sie gar nie weg gewesen? Hatte sie das alles bloss geträumt?

Erneut horchte sie dem Tropfen der Zeit aus dem Wasserhahn nach, wieder hörte sie ein paar Mäuse in den Zwischenwänden scharren, trappeln, was immer, vernahm die hohen Töne der Fledermäuse, die in den letzten Schlieren der Nacht segelten. Nur das Käuzchen fehlte. Es hatte wohl eine Maus gefangen und lag zufrieden bereits im Verdauungsschlaf.

Aber diesmal mussten sich ihre Augen nicht erst ans Dunkle gewöhnen. Der nahende Morgen schien bereits kräftig unter der Türe hindurch in die Hütte hinein, dazu hatte sich ein Fensterladen geöffnet. Leicht schwankte er im Wind ein wenig zu, auf, zu.

Und Véra lag auf einmal da, mit ihrem Déjà-vu-Erlebnis, mit der Sonne in den Augen, und dachte, dass ein Tag auf der Erde tatsächlich ausreiche, um damit das Universum aller Zeiten und Orte zu spüren. Man brauchte bloss das bisschen erlebte Zeit auszudehnen, nach vorne und nach hinten, dazu den Raum, nach oben, unten, rechts und links, und schon hatte man das Weltgefüge beieinander, mit allen Sonnen, Sternen und Planeten. Man wusste auch in den wenigen Stunden schon um die Eintönigkeit, um die kleinen, klitzekleinen Änderungen im ewiggleichen Lauf ...

Ach ja, das Leben als kleine Oase, der Tod als die Wüste ringsum. Aber war denn die Wüste nicht eigentlich eindrücklicher, in ihrer Unbekümmertheit, ihrem langen Atem, auch die brütendste Hitze auszuhalten, irgendwie? War es denn so sicher, dass das Leben besser sei als der Tod? Ohne Leben zwar kein Bewusstsein, und ohne Bewusstsein ... ohne Bewusstsein auch keine Zweifel, keine nagenden, die aber bewiesen, immerhin bewiesen, dass man war, dass sie war, dass es sie gab.

Aber trotzdem: Was wussten wir schon darüber? Seit Kant, das hatte sie ja mal vom alten Schmidt gehört, seit dem alten Kant also wusste die Menschheit, dass es da nie wirklich etwas mit völliger Sicherheit zu wissen gab über die Beschaffenheit des Ichs als eben: diesen Zweifel. Bei allem anderen hätte man sich ebenso gut mit Fledermäusen über Sonnenuhren unterhalten können. Oder mit Chinchillas über Wasserbäder im Sommer. Und hätte erst noch mehr erfahren als eben über all dies.

Ach, ach, der Mensch als mit letzter Sicherheit nur zweifelnder Mensch. Wollte man sich da nicht gleich, musste man sich da nicht gleich, es war doch, es gab doch …

Und dabei hatten diese Fragen, dieses Bohrende, doch alle keinen Sinn. Was sollte das schon? Nochmals: Der Zweifel war quasi belegt, alles andere nicht. Und dieser Beleg war in Sekunden erbracht, was wollte sie mehr? Mehr als alle anderen Menschen, die doch auch lachten und assen und sangen und spielten und arbeiteten und weinten und schliefen und wieder assen und arbeiteten undsoweiterundsofort …

Ach, welchen Weg sind wir gegangen vom Schrei des Unterkiefermenschen bis zur Symphonie der Tausend? Alles im Fluss, alles im Fluss, stetig weiter, stetig voran, aber stetig auch nach unten, dem Meere zu, nach unten, nach unten … nach unten …

Oder wie lange kann man dem Kommen und Gehen der Gezeiten zusehen, zuhören, ohne dass man sich, wie jeder andere Tagträumer im Angesicht der See, an das Leben erinnert, das einem, wie allen Tieren und Menschen, zufällig, einfach so und nur einmal und ohne bekannten und erkennbaren Grund gegeben worden war? Ja, jaja, abends sitzt man beim gegrillten Fisch, trinkt Bier, isst Brot, dann Pommes, verfettet seine Leber, verfettet seine Blutwerte, sorgt dafür, dass das lange Leben etwas kürzer wird, das lange Leben, das am Ende so lang nicht war, nicht gewesen ist, nie sein wird, nie sein kann, nie …

Und hat die See im Blick, die ungeheure See, die

sich ewig änderte und doch stets dieselbe geblieben war, seit man als dünnes kleines Mädchen gegen die Wogen gekämpft hatte.

Und doch, und nur: Unser Leben ist wie ein schwacher Schlag ins Wasser. Oder wie ein Stein, den man ins Wasser wirft. Einige sind grösser, viele sehr klein. Es gibt ein paar Ringe. Mal mehr, mal weniger. Je nach Wellengang auch, der auf dem Meer der Zeiten gerade herrscht. Aber irgendwann einmal, irgendwann ist alles weg. Bei ganz ruhigen Zeiten, in einem Meer, das reagieren kann, dauert es länger, in Wildwassern, engen Bächen sieht man schon nach einer Sekunde nichts mehr ... nichts mehr ... nichts ...

Und der Mensch steht wie einsam auf einem grossen Hügel der Geschichte, von dem er nicht weiss, was alles in ihm steckt. Da und dort kommt etwas Blut zum Vorschein, beginnt man zu graben, seltener etwas Öl, aber so genau will man es gar nicht wissen. Und es wird dann langsam Herbst auf dem grossen Hügel. Man steht da und sieht zu, fuchtelt mit den Armen oder atmet nur ein und aus. Es macht keinen Unterschied. Denn da gehen sie hin und zu Ende, zerfliessen in kühlen Morgennebeln, die langen, blauen Spätsommertage, an denen der Ostwind tanzt. Die Äcker werden leer, Gold fliesst noch über die Bäume. Aber in lehmigen Streifen, nass und grob, stellt sich die gütige Erde des Spätsommers dar unter dem grauen Weinen des

Himmels, der nicht mehr froh sein kann, dann kommt der Herbst, und dann ...

Die drei schwersten Auslassungspunkte des Buches. Des Lebens. Des Kosmos. Aber was ist Zeit anderes als Verfolgung? Jene Regel, die vorschreibt, dass der Zufall uns näherrückt – NICHT DER ZERFALL? *–, wie allem, wie jedem Wesen; jene Regel, die behauptet, dass die Welt sich verströmt und alle Sonnen in die Kälte fliessen, bis sie ausgebrannt sind. Dann wird es keine Strahlung mehr geben, kein Licht, und zum Ende wird es eisig sein, für immer. Es wird noch Raum sein, aber nichts wird ihn mehr füllen, also wird doch kein Raum sein.* ODER NUR DUNKLER RAUM? SCHWARZER RAUM? *Es wird keine Veränderung mehr geben. Die Zeit wird sich geschlossen haben, ihr grosses Werk der Zerstörung getan.* WENN SICH DAS GANZE UNIVERSUM TATSÄCHLICH EWIG AUSDEHNT – DAS WILLST DU SAGEN, NICHT WAHR? – WERDEN WOHL IRGENDWANN DIE STERNE NICHT MEHR SEIN. UND TATSÄCHLICH: WAS WIRD DANN SEIN? EINE TOTAL DUNKLE MASSE IM NICHTS? ODER NICHTS?

Du hast mich unterbrochen! Also ...

Aber dann – jetzt schon – wirkt die Schwerkraft auf alles, der Wind und all die Kräfte der immer anwesenden, nie nachlassenden, tötenden Natur. Und sie verformen sich, nehmen für Momente amüsant absurde Umrisse der Zufälligkeit an; und dann geben sie sich auf; bilden einen Film, einen kaum merklichen, einen aber nichtsdestotrotz vorhandenen, ständig fliessenden Film, der nach unten fliesst, gegen sein Ende hin, gegen das Ende all der Dinge und Wesen, in jene Richtung, wo alles endet, oder, besser gesagt, womit alles endet.

Es geschieht ständig: Jede Ordnung stürzt ihrer Auflösung zu, stürzt vom universellen Mutterkuchen hin zur Grabesstätte, einer Grabesstätte, die es nicht mehr geben wird, dann, irgendwann, wenn nichts mehr sein wird, nichts mehr ist, nichts mehr, nichts ...

Ich hatte diese Nacht einen Traum: ich bin allein, allein. Meine Wohnung ist schön. Meine Wohnung liegt am See, an irgendeinem See, von blühenden Mimosen und Azaleen umgeben. Meine Pferde sind gut, meine Boote sind gut. Alles gefällt, das ich besitze. – Aber was ist das alles gegen die lodernde Flamme, die vor mir aufsteigt und sich immer weiter auftut? Mein Haus verbrennt. Viele Menschen stehen da und sehen zu. Ich stehe oben am Fenster und kann deutlich ihr blödes Gemurmel hören. Vor Angst bin ich rasend: sieh! Da kommen die Flammen, lodernd, gierig, voll Wut. Aber eine unter ihnen ist hell und klar und brennt ganz ruhig. Und ich spucke hinunter auf die Menschen, spucke ihnen ins Gesicht, auf die Köpfe, diesen blöden Kreaturen ... Da werde ich verzehrt von der hellen Flamme und löse mich auf ins Nichts.

Und bin endlich satt und nicht mehr so furchtbar gierig. Die Flamme bin ich, feuergewordenes Ich, und ich bin satt, satt, so satt. Ich brenne und lodere und bin gross und stark und glühe im Rausch des Brennens. Und ich weiss, die nächste Minute wird mein Tod sein, nach dem Rausch wird keine Reue kommen, keine Öde, keine Auflösung ...

Wo ist sie? Wo sind wir? Wo bin ich? Was geht vor sich? Warum all diese Worte, all diese Träume, all diese Romane, all der Schmerz, all das Leiden, all die Behinderungen, all das unsäglich Dumme, das unsäglich ...

Meine Ohren sind wund vom ewigen Brillenbügeltragen, meine Augen brennen vom ewigen Lichtersehen, meine Ohren pfeifen vom ewigen Zuhören, die Geräusche der Welt sind kaum auszuhalten, und meine Lunge schmerzt vor eingepresster Luft, meinen Haaren schmerzen die Wurzeln, meine Zähne verrotten im Mund, die Leberflecken auf dem Rücken jucken, meine Zehen brennen vom Laufen auf dem Asphalt, mein Blut fühlt sich verschmutzt an, meine Organe abgearbeitet, mein Kopf ist ein einziger Blutüberrausch, mein Herz sinkt tiefer und tiefer, mein Bauch ist ein Loch in der Welt, ich bin ein ... ich fühl mich ... ich soll ...

Ich suche den Poeten im Piano, den Weihrauch der Götter, den Nektar in den simpelsten Blumen, die Melodie der Sterne, den Duft, der all die Scheisse überdeckt. Ich suche einen Landstrich, der sich erinnert an alle die Menschen, die durch ihn hindurchgefahren sind. Der sich an alle Zeiten erinnert. An das, was die Römer dort gemacht haben, die Germanen, die Gallier.

Ich suche eine Stadt, in der sich die Strassen an jene erinnern, die durchgefahren sind. Eine Stadt, in der jede Häuserecke von den Verbrechen zeugt, die in ihr begangen wurden. Ich suche Dich, Du seltsame Stadt, Dich, die ich in meinem Träume gesehen hab. Du besondere Stadt, die –

OH JA; UND JETZT BITTE POETISCH!

Wie? Ach so ... Hm ... Ähm ... Also:

Oh, ja, ich suche die Stadt, die ... nee. So nicht. Also nochmals:

Oh ja, ich suche Dich, meine Stadt. Dich, wo jeder deiner Steine so viele alte Erinnerungen enthält, wie es Staubkörnchen gibt. Und jeder Deiner grauen stillen Steine hat mitangesehen, wie das lange Haar einer Hexe Feuer fing, hat gehört, wie die Knochen eines armen Teufels gebrochen wurden, bevor er aufs Rad geflochten wurde, wie der Pöbel einen bleichen Astronomen hetzte, ein Bettler den anderen in den Bauch trat – und die Pferde des Königs schlugen Funken aus Dir, und die Stutzer in Braun und die Poeten in Schwarz machten sich auf in die Kaffeehäuser, während Du zu den fröhlichen Echos der National- und Heimatlieder troffst. Von den zartesten Gedichten der Dichter jedoch nur leicht bepinselt warst. Oh Du, Du Stadt der Träume, wetterwendischer Traum, o Du steinerner Wechselbalg. Die Fensterläden der kleinen Geschäfte alle dicht in der sauberen Nacht, die finster aufragenden Mauern, die Nische, die eine unbehauste Taube mit einem in Stein gehauenen Kirchenwüstling teilt, die Fensterrose, der schweisstriefende Wasserspeier, der Christus ohrfeigte – leblose Steinbilder und matte Leben vermengen die Federn ... Nicht für die Räder öltrunkener Maschinen waren Deine engen und holprigen Gassen bestimmt ... nicht für Menschen, die laut knatternd durch die Gassen brausen ... auch nicht für jene, die sternsausend Raketen in die Luft fahren lassen, als würden sie das Heil nicht auf der Erde suchen ...

Aber die Priester lassen trotzdem die Tränen der Götter verrauchen, die Männer schloten wie die Fabrikkamine, die Frauen putzen sich heraus, als wären sie vergammelnde Mumien, die strahlenden Röhren projizieren falsche Götterbilder auf Deine ehrwürdigen Mauern ... und die Katzen schleichen sich nicht mehr so elegant durch die Gassen, wie sie es weiland getan hatten ...

Wieder war Véra nach kurzer Zeit in der Stadt. Wieder hatte sie sich anscheinend verlaufen. Aber wie war das möglich? Hatte sie etwa doch nicht geträumt? War sie die Strecke gelaufen, hatte den Hubschrauber bestiegen, war geflogen, geflogen ... aber was dann? Wie war sie in die Hütte gelangt? Wie war die Geschichte zu der *Geschichte geworden, die sie ist? Und was soll jetzt werden?*

Komm ihr zu Hilfe, oh Wassergeist, mein Bruder, mein Vorausquellender, Du Springbrunnen des Lebens, Du Born der Schönheit, Du strahlend blaues Hazweioh!

HAT SICH IN SICHERHEIT GEBRACHT, DER ARME TROPF!

Ach, wie die Zeiten fliessen! Wie die Grammatik sich ändert, sich anschmiegt der Gunst der Jahrhunderte, der Gunst der ...

WÜRDEST DU MIR BITTE ZU HILFE KOMMEN?

Dir?

ACH, FÜR EINMAL HAST DU RECHT: DER GESCHICHTE!

Was? Wieso?

Du weinst? Aber – – –

ACH. ACH. ACH: FÜNF FADEN TIEF LIEGT VATER MEIN, SEIN GEBEIN WIRD ZU KORALLEN, PERLEN SIND DIE AUGEN SEIN, UND KAUM IST ER MEHR MEIN. ACH, ACH, FÜNF FADEN TIEF LIEGT VATER MEIN –

Derart und von derartigem mehr der Lärm in seinem –

IHREM!

ihrem Kopf, dem so genannten, bis nichts mehr von tief innen als nur immer schwächer o enden. Einerlei wie, einerlei wo. Zeit und Leid und Selbst das sogenannte. O alles enden.

SCHLUSS!

Hm?

Was? Du willst nicht wissen, was los ist? Mach mal wieder eine richtige Geschichte draus! Es hat doch so schön angefangen!

Ja, beginnt es nicht immer schön? Und wird auch im Leben immer schlimmer?

Und was ist mit der Geburt, hä?!

*Ja, hat es also so schön angefangen, und angefangen, angefangen an*GEFANGEN!

Mir graut vor Dir! Jetzt wagst Du Dich schon auf meine Zeilen. Ganz abgesehen davon, dass Du das irgendwie geschafft hast, ohne dass ich es eigentlich will. Aber also, also …

Aus Angst, immer wieder zurückzufallen in jenen Traum oder jene Interrealität, die sie mit dem Helikopter verband, fiel unsere Véra in einen schnellen Lauf- und Lebensrhythmus, als hätte sie bereits ein Bächlein vor sich und keinen Strom. *Aber ich mach doch auch kurze Sätze, hm ...*

Siehst du! Schon wieder!! Ach ...

Berichte punktuell!

Richtig, was gibt es sonst schon zu sagen? Wie im Mittelalter: Burg, kurzer Ritt, Burg, kurzer Ritt, Burg etc. Menschen zählen. Oder will man lesen: Und sie ging und ging und ging und ging und ging rauf, ein bisschen nach unten, sie ging und ging und ging?

Damit also:

Aus Angst *also*, immer wieder zurückzufallen in jenen Traum oder jene Interrealität, die sie mit dem Helikopter verband, fiel unsere Véra in einen schnellen Lauf- und Lebensrhythmus, als hätte sie bereits ein Bächlein vor sich, und keinen Strom.

Sie lief und lief und wanderte und wanderte, und kaum merkte sie, wie die Tage vergingen, wie die Nächte länger wurden, wie sie mehr und mehr Kleidungsstücke aus dem neugekauften Tramper nehmen konnte, um sie sich gegen die zunehmende Kälte überzuziehen. Sie merkte kaum, was sie alles leistete, weil sie so viele spannende Menschen traf.

In *** traf sie einen, der ihr erzählte, wie er den ersten Film in seinem Leben gesehen habe: Er sei etwa vier Jahre alt gewesen. Dort, in Worms am Rhein, seien viele Menschen in einem Jahrmarktszelt gestanden, sein Grossvater habe ihn an der Hand gehalten; und er habe auf der Leinwand einen überlebensgrossen Mann gesehen, der sei aussergewöhnlich schnell auf einen Schreibtisch zugelaufen. Dort habe er ein Tintenfass ergriffen. Er habe nach links und rechts geschaut, ob ihn auch niemand sähe – dann habe er das Tintenfass ausgetrunken. Daraufhin sei er blau geworden, ganz blau, von Kopf bis Fuss – und dann sei der Film aus gewesen.

Die Menschen hätten gelacht. Er aber sei erstaunt gewesen, wie aus einem Traum aufwachend, dass sein Grossvater immer noch seine Hand gehalten habe. Seine Hand gehalten habe und gehalten habe. Er habe wohl ein Wunder erlebt, damals. Sein ganz privates Wunder. Seither mache er Filme, Filme im Kopf.

Und die Starkstrommasten, diese armlosen Tagediebe, summten unterwegs in traurigem Gleichklang mit dem Blut, das ihr im Kopf pochte, pochte und pochte.

In *** half sie zwei älteren Damen mit tränenüberströmten Gesichtern dabei, einen gnädig getöteten Hund zusammen mit einem alten Krocketball zu begraben, der die Spuren seiner fröhlichen jungen Zähne trug.

Und an Bahnhöfen kam Véra vorbei, unterwegs, bei denen manchmal mit einem Geräusch, das dem Gequak eines Neugeborenen glich, plötzlich sprudelndes Leben in einen der Lautsprecher fuhr, und ebenso plötzlich gab dieser oder jener den Geist wieder auf.

In *** beobachtete sie einen, der nahm seinen Füllfederhalter aus der Brusttasche. Gerade in jenem Augenblick aber, wo er seine geschäftstüchtige Unterschrift unter ein hochwichtiges Blatt Papier setzen wollte, vergoss sein goldener Zauberstab – vielleicht verärgert über die Erschütterungen, die ihm die verschiedenen Betätigungen seines Herrn im Laufe des Tages zugemutet hatten, unglücklicherweise eine grosse schwarze Träne auf das kostbare Schriftstück. Der Mund des Mannes verzog sich dabei vor Schmerz, vor Freude, vor …

Und wieder lief und wanderte sie, ging und ging. Sie sah eine Reihe schräger kleiner Wellen, an einem Ort, wo eben jene das Spiegelbild einer Kathedrale über sieben Jahrhunderte lang sacht ummantelt hatten. Trotzdem lief, spazierte sie an jener Stadt vorbei. Ihr Ziel lag anderswo, weiter, weiter.

In *** traf sie einen Mann in einer Metzgerei, dem schwoll eine V-förmige Ader auf seiner Stirn immer an, wenn er errötete.

In der folgenden Nacht hörte sie unterwegs nach *** eine leise feine Stimme in einem sonderbaren Singsang den Sternen etwas erzählen, das wie ein Gedicht klang: Von einer Weide, die sich dort über den Bach neige und im Wasser ihrer Blätter Grau zeige. Als kränze sie, phantastische, gewunden, aus diesem Laub, mit einigen Massliebchen, Nesseln und Hahnenfuss …

In *** erzählte ihr einer, der neben einer grossen eisernen Glocke am Boden sass, darin befände sich der Pfarrer des Dorfes. Er sei ihnen allen auf die Nerven gegangen. Da hätten sie ihn unter der grössten Glocke eingesperrt. Da solle er nun elendiglich krepieren, ersticken. Worauf er lachte, lachte und lachte ... Der habe es wie alle Priester verdient, zuerst zu Boden und dann in den Grund zu gehen ...

Unterwegs dachte sie da, ob sie nicht verrückt werde, solche Dinge zu träumen. Denn ob sie das tatsächlich gesehen hatte, dessen war sie sich zumindest bei diesem Erlebnis nicht mehr ganz sicher.

Immerhin vergass sie den Zweifel bei ihrem nächsten Aufenthalt. In *** kam einer auf sie zu, den sie lehren sollte, endlich nicht mehr zu denken. Immer müsse er denken, denken und denken. Er gehe über die Strasse: Er denke. Er stehe in einem Bus und warte auf einen Sitzplatz: Er denke. Er höre Musik: Er denke. Selbst wenn er einzuschlafen versuche, sei es da. Immer, einfach immer. Immer sei da dieses Denken, das Denken und Denken. Er sehe es sich ja im Spiegel an. Das sei fast das Schlimmste! Denn so sei erwiesen, dass man ihm sogar nach mehreren Monaten unermüdlicher Beflissenheit noch ansehe, dass er eben denke! Seine Art, die Augen zu bewegen und den Mund zu formen, liessen einfach nicht den impliziten Glauben erkennen, der im Nichtdenken mit inbegriffen sei und der – und nur der – bereit sei, alles zu glauben und alles zu bezeugen, sogar durch das Martyrium. Voll Zorn sehe er, dass er in diesem Genre von den gröbsten Bauern übertroffen werde, ja von Beamten, von Lehrern. Aber immer sei da bei ihm die Denkblockade, die verhindere, alles einfach zu akzeptieren, aufzunehmen und anzubeten, es zu verinnerlichen, es im Tiefsten anzubeten. Immer hindere ihn sein Denken daran, ein guter Staatsbürger zu werden, der einfach nur alles absegne, was die Obrigkeit von sich gebe und es damit sein Bewenden haben zu lassen. Aber auch Véra wusste ihm nicht zu helfen …

Danach wieder unterwegs, wo sie unter anderem sah, wie ein Mann in nasser Lederschürze längs der nahen Gleise gleich beim Wasser einige Sträucher bewässerte, so heiss war es an dem Tag auf einmal wieder, wie sie also sah, wie das Wasser dem glitzernden Schlauch als ein biegsamer, silbriger Fächer entströmte, der bald das Sonnenlicht durchflog, bald weich über die bebenden Sträucher hinschwenkte, oder sah, wie einige Fische bei einem Wehr die Fischtreppe benutzten: Sprung, kräftiges Schlagen aufwärts, Sprung, gelangte sie weiter und weiter Richtung Quelle.

Länger hörte sie in *** jenem etwas verwirrten Mann zu, der auf der Strasse aus einem selbstgeschriebenen Buch vorlas. Es war ein Roman über Jesus in der heutigen Zeit. Der fiktive Protagonist war hier ein Gammler, eine Art «Hippie-Scheiss-Typ», wie es hiess, der am Ende zu Recht ins Gefängnis gesteckt wird. Die Mutter ist bei seiner Geburt Besitzerin eines esoterischen Engel-Ladens, der Vater Maurer. Der Sohn ist aber von klein auf sehr eingebildet. Und auch die Eltern wollen für ihren Sohn von klein auf von allen Warenhäusern umsonst Geschenke. Mit zwölf Jahren haut Little Jebus von zuhause ab. Er vögelt Frauen, klaut Geld und wird auch sonst recht kriminell. Bis 30 macht er so ziemlich alles, was man an Schlechtem machen kann. Er bringt Kitsch-Kunst unters Volk, löst Kriege aus, steckt Menschen mit AIDS an, raubt, zerstört Bäume, quält Hunde, schlägt Bettlern die Augen aus und andere wüste Dinge. Mit 30 gibt er sich auf einmal geläutert, kurz vor einem Prozess, der ihm gemacht werden soll. So kommt er noch einmal um schlimmere Strafen herum. Mit 35 beginnt aber sein ganzes wildes Getue von Neuem, so dass er einige Jahre danach zum Tode verurteilt und hingerichtet wird. Bei seinem Tod soll man zwei Sonnen gesehen haben, die sich gegenseitig zulächelten.

Véra unterhielt sich mit dem seltsamen Erzähler und fragte ihn, warum er das Buch denn nicht veröffentliche (er las aus seinem handschriftlichen Original)?

Worauf er ihr antwortete, dass von allem, was man tue, auch wenn man ein Buch drucken lasse, ja eigentlich eh nichts bleibe, nichts sei ja von Dauer. Die Hauptsache für ihn sei, dass er all das einmal gedacht habe. Oder erdacht habe. Zumindest angedacht habe. Angesichts der freien Ideen seien alle starren Formen wie ein gedrucktes Buch eigentlich etwas Falsches. Es sei wie kaltes, abgelagertes Gestein. Aber Gedanken müssten brennen, müssten Flamme sein, mitreissen, aufwühlen.

Aus irgendeinem Grund, sie wusste selbst nicht so genau, wieso, schlief Véra in jener Nacht mit ihm. Worauf er ihr am Morgen ein Gedicht überreichte, das sie pries als nicht so wie viele andere, die hart wie Stein seien, obwohl ihr Körper weich sei, und schlüpfrig wie ein Bukett aus Aalen. Sie sei nicht wie eines jener dünnblütigen helläugigen reizenden schlimmen schleimigen Schlangenmädchen, die zugleich hysterisch begehrlich und hoffnungslos frigide seien. Deren Handflächen wie ein feuchter Sonntag wirke, den man am liebsten gleich vergessen wolle. An Véra aber liebe er ihre Ohrläppchen, die nackt und bloss seien, obwohl sie sorgfältig durchstochen waren, für kleine Korallen, nicht für Perlen. Deswegen sei quasi sie eine Perle.

Nun, auch das Gedicht war reichlich konfus. Aber Véra war eine Nacht abgelenkt gewesen, hinterliess ihm als Dank fürs Gedicht eine kleine Mohnblume, die sie den Tag zuvor gefunden und in einem Stiefel mitgetragen hatte, den sie mit etwas Erde ausgekleidet hatte. Dennoch war sie auch froh, konnte sie weiterwandern. Ihr kam das alles reichlich seltsam vor, wieder so, als wäre sie in einem Traum. Sie konnte es bereits nicht mehr genau sagen, auch wenn sie zu gewissen Stunden sicher war, dass alles so geschah, wie sie es mitbekam.

Nun, auf jeden Fall also ging sie weiter, weiter und

weiter, traf in *** einen ähnlich Gearteten, der ihr gleich seine «Dunkeltheorie» ausführte: Er ging davon aus, dass Gott im Dunkeln tappe. Er habe uns Menschen zwar geschaffen, sehe uns nun aber nicht mehr. Und wir Menschen wie die Katzen – die nachts sehen, aber wir nicht – deswegen denken würden, er mache das Böse absichtlich; dabei sieht er nichts, kann nicht anders, stolpert bloss immer wieder über Dinge im Dunkeln.

Wer aber hat das Licht ausgemacht? Wie soll das gehen? Dann verschiebt man ja nur alles eins nach hinten. Das ganze Modell, da. Gott hat die Welt gemacht, wer aber Gott? Und: Wer hat das Licht gelöscht? Doch der Teufel? Was können wir Menschen schon wissen? Wir sind wie ein Tautropfen im ewigen Morgen. Auf diese Fragen weiss wohl niemand je eine Antwort, oder?

– – –

WILLST DU EINE ANTWORT? – GUT, ALSO, HIER:

ACH, DIESER KÖSTLICHE ANBLICK: DIE BEDÄCHTIGE LOGIKERIN, DIE SICH ZWISCHEN DEN DORNENBÜSCHEN UND FALLGRUBEN DES DENKENS IHREN WEG BAHNT («WER ABER HAT DAS LICHT AUSGEMACHT?»), EINEN BAUM ODER EINE KLIPPE KENNZEICHNET («HIER BIN ICH VORÜBERGEKOMMEN», «DIESER NIL IST BESIEDELT»), ZURÜCKBLICKT («GOTT HAT DIE WELT GEMACHT, WER ABER GOTT?»), UND VORSICHTIG EIN STÜCK SUMPFIGEN BODENS PRÜFT («DOCH DER TEUfel?»); die seine Wagenladung Touristen am Fuss einer Metapher oder eines einfachen Beispiels («Wir sind wie ein Tautropfen im ewigen Morgen.») stehenbleiben heisst; die vorwärtsdrängt, alle Schwierigkeiten überwindet und triumphierend den ersten markierten Baum erreicht! «Zur Quelle, zur Quelle!» – Wie niedlich!

Sag mal, ist sie böse auf mich? Und wo führt das hin: Etwa einmal mehr zur Frage nach dem Naturleben und dem Zivilisationsleben? Ach ... Nun ...

Gefahrlos ist weder die Kultur im Sinne einer zivilisierten Gesellschaft noch die Kultur im Sinne der schaffenden und erlebten Künste. Immerzu lauert da etwas im Hintergrund. *Wetterleuchten tanzt am Horizont.* Gelegentlich ist ein Donnern zu hören. Diese Signale erinnern an den Ursprung des kulturellen Spiels, und sie bewirken, dass wir die naturhafte Gewalt des Elementaren nicht vergessen. Nicht vergessen. Nicht vergessen. *Nicht ...*

Ist das alles ein Spiel? Wir könnten ausbrechen, aus der Zivilisation, wollen es aber nicht. Also doch ein Spiel, nicht Gefängnis, nicht Zähmung. Höchstens Selbstzähmung. Oder doch, über ein Über-Ich. *Durch ein Über-Ich.*

Du machst mich ganz konfus.

Und so ist es denn Zeit, Véra von ihrem schnellen Lauf einmal ausruhen zu lassen, ihre Flucht, das Ausbrechen (oder ist es doch ein Aufsuchen?) zu entschleunigen, auf dass sie wieder das Tempo innehat, das der Fliessgeschwindigkeit des Wassers an dieser Stelle entspricht – obwohl sie nun nach ihrer hastigen Bewegung bereits in schnellere Gefilde vorgedrungen war. *In schnellere Wasser.*

Das Leben, was ist es mit ihm? Das Ganze durchströmt vom Bewusstsein, welches das einzig Wirkliche ist auf der Welt und das grösste Geheimnis von allen. Ein Blitzlicht zwischen zwei Dunkelheiten oder eine Brücke über den Abgrund, gespannt ins Nichts. Trotzdem gehen wir und essen und versuchen zu leben, als hätten wir ein Ziel.

Ist das nicht alles ein wenig zu pubertär? Zu einfach? Ein paar Fragen ins Publikum geworfen, die eine Anklage sind und an sich nur davon zeugen, wie wenig du zu erzählen hast!

Ich habe nichts zu erzählen? – Aber würde ich nicht erzählen, Du wärst gar nicht hier!

So. Doch nichtsdestotrotz führst du mich zum Ziel. Denn was gäbe es ein besseres Ziel als den Ursprung?

Und so fragte sich auch Véra in einer grösseren Stadt, was ihr der Weg bisher für Einsichten gebracht habe. Ob sie nicht eher mehr und mehr zweigeteilt sei, hin- und hergerissen zwischen jenem jungen Mädchen, das sich von fremden Menschen zwar nichts aufschwatzen lässt, das sich aber doch ganz gerne ansieht, was jene oder jener in ihrem oder seinem Leben denn so tut.

Und doch immer mit einer Trauer zu kämpfen hat, die irgendwo tief in ihr steckte.

In diesem Moment schaute sie nach oben, weil sie ein seltsames Geräusch gehört hatte. Und siehe da: Auf dem untersten Ast eines Baumes gleich oberhalb der Bank, auf der sie sich niedergelassen hatte, sass ein Falke. Er sah auf sie herunter, in aller Ruhe, bog dann einen Flügel, seltsam, nach vorne, und legte ihn als dünnen Strich über seinen Mund. Dann schwang er sich auf, mit einem Ruck war er weg, horosharpokrates tönten seine Schwingen noch, horosharpokrates.

In Véras Ohren sauste es, als wäre sie ohnmächtig geworden. Doch das Gegenteil war der Fall: Sie sah lange Zeit vergessene Erinnerungen auf einmal wieder glasklar vor sich. Ja, es kamen alle Kindheitserinnerungen hoch und spielten in ihrem Kopf wie eine fröhlich vergnügte Kinderschar. Miky sah sie, und Pirata, ihren Vater und sogar ihre Mutter. Auch der Schriftsteller war da. Und Barry. Und die Schmetterlinge, die vielen, vielen Schmetterlinge, die sie als Kind so oft bestaunt hatte, verfolgt, ihren Flug nachzeichnend, nachfühlend, nachspielend.

Achte auf die Schmetterlinge. Höchste Aufmerksamkeit verdient sowieso, was der Luft verwandt ist, dem zweiten blauen Element. Alles, was im Winde wohnt. Das Leichtigkeit hat, in der die Gravitation sich aufhebt, das geheime Ziel aller Dinge und Wesen. Jene Erfahrung beim

Lesen, beim Beobachten von Schmetterlingen, dass da ein Wind sei und man weggehoben werde, korrespondiert mit dem allgemeinen Streben nach Schwerelosigkeit und Schweben in einer erzählten Welt. Der Flucht. Dem Enthoben-Sein.

Véra war wohl kurz davor, verrückt zu werden, denn der Kindheitsfreund streckte die Pfote nach ihr aus. Im selben Augenblick hörte sie den Schrei einer Trottellumme – er klang wie spöttisches Gelächter und brachte sie in die Wirklichkeit zurück.

Die wirklichkeit? Wie kann sie da eine trottellumme hören, hä?!

Und sie dachte an das Paradies der anderen Leute. – *Sag, ach sag, grausamer Gott, warum hast Du es schaffen müssen? Warum hast Du es zugelassen, dass die einen sitzen und weinen, manchmal auch gehen, indes andere tanzen, dass die einen glauben, glücklich zu sein und andere wissen, dass wir alle verloren sind? Warum nur hast Du die Illusionen so ungleichmässig verteilt?* Wir stehen, sitzen oder gehen im Weltall, dachte Véra, manche liegen auch nur noch und leben noch ein bisschen weiter, weil es notwendig ist, anscheinend, und weil es eben doch gut ist, wenn man immer wieder ein bisschen weiterlebt. Und manchmal, bei gewissen Erinnerungen, zucken ein paar Nerven …

Und ein würgendes Gefühl überkam Véra wie ein Brechreiz, und die überschäumende Zuversicht des Lebendigen war ein Wildbach – SCHON? –, der schonungslos mit nicht festverankerten Steinen seine Possen trieb. Und es dachte in ihr, es dachte ...

Dass einer ein Auto kaufen kann, dachte sie, so einen grossen Familienwagen, und eine Wohnung mieten, drei Kinder haben, die Frau bleibt zuhause, und das zum Beispiel als Fleischer, dachte sie, als Bauarbeiter, als Bahnarbeiter, das war mir schon ein Rätsel als Kind. Wo nehmen die all ihr Geld her? Und sie dachte weiter: Und trotzdem entwickeln sie eine Angst, eine Angst vor sehr unnennbaren Dingen. Eine Angst vor der Farbigkeit, zum Beispiel. Sie mögen nicht zu grelle Farben, sie mögen es dezent. Chromophobia, hab ich gelesen, soll das wohl heissen: Wo alle Angst haben, Farbe zu bekennen. Und merken dafür auch gar nicht, wie die Welt langsam vor die Hunde geht. – Nein, das ist gemein: nicht vor die Hunde: vor die, hm, was ... geht ... ? Egal! Aber wissen die eigentlich, oder wollen sie es einfach nicht wissen, dass es bislang keine funktionierenden Atommüllendlager gibt? Ja, wahrscheinlich wissen sie das. Aber können sie sich vorstellen, wirklich vorstellen, was ein Tschernobyl-Unfall in Frankreich oder Tschechien bewirken würde – oder richtiger, was er bewirken wird, wenn er früher oder später passiert?

Oder gehen wir eine Stufe dazwischen: Wissen die, dass es auch keine funktionierenden Zwischenlager gibt? Dass die Müllbehälter in Gorleben noch an der

Luft stehen und über siebzig Jahre brauchen, um sich abzukühlen, bevor man überhaupt darüber nachdenken kann, wie man sie unter die Erde bringt, ein Vorhaben, für das man bislang noch keine zuverlässige Lösung gefunden hat? Wissen die eigentlich, dass jene Orte, an denen wir Atomkraftwerke gebaut haben, noch in 20'000 Jahren Quellen einer tödlichen Strahlung sein werden? 20'000 Jahre – das ist nicht nur eine Verunreinigung unseres Lebensraumes, sondern eine Verschmutzung der Zeit selbst; etwas ontologisch noch nie Dagewesenes, ein achtlos begangenes Verbrechen, nicht an unseren so oft herbeizitierten Enkeln, sondern an den Urenkeln der Enkel von deren Urenkeln, die wohl nicht einmal mehr unsere Sprachen kennen werden und von uns nur wissen, dass wir aus rätselhaften Gründen Plätze hinterlassen haben, die töten. Die töten. Die töten. Wissen die das alles? Und können doch aufstehen und essen und gehen und Kinder kriegen und Hunde streicheln und schlafen und Musik hören und Guten Tag sagen und die Berge sehen und den Regen fühlen, die Kälte und den Sommer, sie können die Vögel hören und sehen die Würmer, die sich auf dem Asphalt krümmen, aber ...

Und so sprach Véra quasi nur noch zu sich selbst, von aussen betrachtet selbst ein Bild der Zeit, ein Bild –

Ein bild der – zeit – ein – ton – für die jahrhunderte – ein bild für das fliessen ...

Es fliesst, alles fliesst, die Zeit, das Wasser, die Stimmungen, sogar die Gefühle meiner –

Meiner Verwandten, diese Heringsseelen, die damit prahlten, mit dem und jenem Künstler bekannt zu sein, Leo und Otto, und jetzt, wo du die kennst, gut kennst, viel besser als sie, wo du mit denen per Du bist, jetzt finden sie das gar nicht mehr so erwähnenswert, dass man, dass ich, meint das, die kenne. Es geht mir also auf, dass sie es sind, sie es schon immer waren, die sie in ihrer ganzen Dämlichkeit bewundert haben, sich selbst, wo sie dann auch meinen, sie könnten in jeder Jury sitzen, nur, weil sie 60 sind, und ich, mit meinen 36, ich soll Tanzen generell nicht bewerten können, «wie willst du das können, he?!», aber da haben sie sich geschnitten, so geht das nicht, so nicht, mit mir, mit ihnen, mit ..., mit der Welt, mit ...

Aaahhh! Wenn man den Fischen im Wasser nicht ansieht, wo in der Welt man sich grad befindet, dachte Véra, wie soll ich dann wissen, wo ich bin?! Wo ICH BIN. *Ja, wo ist sie, Marilin? Wo?*

Wie von einem Spuk erholte sich Véra langsam von den beissenden Gedanken, von den ätzenden Bewegungen in ihrem Hirn. Süchtig schaute sie auf das Wasser, das floss und floss.

Und Véra verzieh dort und dann den Vielbeladenen einmal mehr ihre durch andere erzeugten Ängste. Sie verzieh ihnen ihre Eismeeraugen. Sie verzieh sogar den

Süchtigen, dass durch deren Urin Stoffe ins Wasser gelangten, die eine meist negative Wirkung auf die Wassertiere hatten.

Ach, es war wie auf dem Hügel beim kleinen See: Es überkam sie manchmal in Wellen, schlecht zu denken, zu hassen, sich zu grämen, der Welt alle Schuld zu geben. Und dann verabscheute sie die Menschen, die mit ihren süsslichen Vorlieben dafür sorgten, dass puppengesichtige Schauspielerinnen als Nachwuchshoffnungen galten ... Oder dass ...

Véra lächelte. Je nun, so waren sie halt. Meist musste es sie ja nicht besonders berühren. Meist konnte sie an allen vorbeileben. Aber ...

Véra lächelte nicht mehr.

Sie dachte an Axel. Ach.

Das geschah während einer verunglückten Reise nach Italien, in einem Hotelgarten am See: Rosen, schwarze Aurakarien, rostige, grünliche Hortensien; an einem wolkenlosen Abend, da die Berge vom gegenüberliegenden Ufer im Dunst eines Sonnenuntergangs schwammen und der ganze See Pfirsichsirup glich, gleichmässig von fahlem Blau durchwellt, und die Überschriften einer Zeitung, flach auf dem schmutzigen Grund nahe dem steinigen Ufer ausgebreitet, den Spaziergängern ins Auge stach, genau lesbar, auch wenn man sich nicht danach bückte, an jenem Abend geschah es, dass ... dass er ...

Aber sie wischte es weg, wie wenn ...

Das einzige richtig lustige Ereignis war gewesen, als er mal versucht hatte, eine Torte zu backen. Weil er wusste, dass sie auf den Zuckerkonsum achtete, nahm er Süssstoff-Pillchen statt Zucker. Die Pillchen aber sind nicht geschmolzen! ... Naja ...

Aber was ist Leben? Durch die seichte, transparente Schlammschicht sah Véra den Schriftzug einer Zeitung: Was ist Leben? WAS IST LEBEN?

Leben aus Lehm. Leben aus Materie: Aus den Elementen Kohlenstoff, Stickstoff, Sauerstoff, Wasserstoff und Phosphor haben sich die vier Nukleotidbausteine der RNA gebildet. Dicht gepackt in mikroskopisch feinen Lehmschichten haben sich diese Nukleotide aneinandergeheftet. So entstanden Molekülstränge aus RNA. Aus RNA. Aus. Als sich die RNA-Ketten vom Lehm lösten, wurden einige von ihnen von Hüllen aus Fettsäuremolekülen umschlossen und blieben darin gefangen, während einzelne Nukleotidbausteine hindurchgelangten. Bei niedrigen Temperaturen konnten sich diese Nukleotidbausteine im Inneren der Protozellen an den RNA-Strang anlagern, andocken, an–: Es entstand eine Doppelhelix. Bei Erhitzung wurden die beiden RNA-Stränge voneinander getrennt, bis schliesslich zwei gleiche Einzelstränge in der Protozelle schwammen. Wie in einem, einem Pool, einem Pott, einem ... Die Membran nahm unterdessen beständig weitere Fettmole-

küle auf, wuchs ... Einige der RNA-Moleküle falteten sich zu sogenannten Ribozymen. Als Vorläufer der Proteine waren sie fähig, bestimmte chemische Reaktionen voranzutreiben. Irgendwann begannen die Ribozyme, RNA-Stränge in Ketten aus Aminosäuren zu übersetzen. Diese so genannten Proteine übernahmen die Rolle der meisten Ribozyme. Es entstanden Enzyme und Ribosomen. Und später entwickelt sich eine chemisch gewandelte Variante der RNA: die deutlich stabilere DANN. DANN! *Organismen verbreiten sich über die Erde.*

BAKTERIEN?

Auch, ja. Aber nicht nur.

ABER SIE MÜSSEN DOCH ÄHNLICH GEWESEN SEIN DEN HEUTIGEN BAKTERIEN?

Sie nahmen aber immer komplexere Formen an.

Wo, aber wo steckt da unsere Véra drin? Das Menschliche an sich? – Alles hat zu tun mit der Vernetzung der weiten weiten Welt. Mit den Innereien der Meeresbewohner. Mit dem ersten Tappen und Drippeln und Wuscheln aus dem Wasser der Urmeere aufs Land. Damals, unten bei den Klippen, wo alles hell war und doch düster, damals, als sich die Wellen der Wasser wie der Bauch eines noch nicht erschaffenen Tieres, das im Schlaf schnauft, rauschend, verlockend, langsam, zeitlos, wie ein Bauch, der sich hebt und denkt, senkt und hebt, zeitlos ewig, ewig zeitlos, jetzt und immerdar ... also damals, unten am Wasser, als sich die ersten Lebensformen an Land wagten, an Land krochen, als die ersten Versuche unternommen wurden ... und, und, and ...

... and no-one called us to the land and no-one knows the wheres or whys but something stirs and something tries and starts to climb towards the light ...

UND ES LEUCHTE IHNEN DAS EWIGE LICHT?
Nein. Neeeiiin!

Nein, es hat zu tun mit dem ewigen Sprung, dem Sprung vom Wasser, vom Sprung des Wassers, vom Sprung ...

Jetzt hat sie mich ganz durcheinandergebracht, Marilin. Wie geht es Dir eigentlich? Ah, ich sehe immer noch den Rock vor mir, Deine Beine ... Du bist noch da? – Gut.

Ganz durcheinander: also, hm ...
SCHLUSS!
...

DU, MEIN BESTER (WARUM? WARUM?) BEGINNST BESSER NOCHMALS NOCHMALS. MITTEN IN DER GESCHICHTE. ABER SO GEHT DAS NICHT! ALSO!

WART NOCH!
Ja?
BIST DU SICHER, DASS DU NICHT EINFACH TAG FÜR TAG IRGENDWIE DRAUFLOSSCHREIBST? ICH MEIN DAS HIER?

Wie bitte?! Was fällt Dir ein?

Und Véra, unsere Véra, träumte, träumte mitten in der Nacht irgendwo in Deutschland, am Rhein, dem Rhein, der fliesst und fliesst, kein Mensch mag sagen, seit wann, mit einem tiefen behaglichen Rauschen, das in Véras Ohren zu einem Klang wurde, den sie mit Glocken verband.

Denn in ihrem Traum ragte direkt vor ihr der Kirchturm auf. Dessen Glocken begannen zu läuten. Deutlich sah sie, wie ihre graublauen Körper schwangen und wie ihr Klöppel nach jedem Schlag auf dem Erz herumfuhr. Dieser Doppelklang, der aus den Schalllöchern des Turms dröhnte, gefiel ihr. Aber plötzlich drehten sich die Klänge, wurden langgezogen und trieften schwer wie Sirup aus den Glocken heraus. Véra konnte sie bei jedem Schlag sehen, und auf einmal verwandelten sie sich in Schlangen, die sich aus sämtlichen Schallöffnungen wanden. Sie waren mit grauen und schwarzen Schuppen bedeckt, deren verschlungene Muster sich ständig veränderten. Bei jeder Drehung sah sie ihre weissen Bäuche aufschimmern, ihre hellen, schrecklichen Bäuche. Da packte sie ein lähmendes Entsetzen. Schliesslich konnte sie den Klang kaum noch hören und sah dafür umso deutlicher die riesigen Schlangenleiber, die sich im Glockenturm drehten und durch die Öffnungen ringelten und über sie herfallen wollten.

Schon hatten sie sie erreicht, und hinter jeder Schuppe hört sie das schwirrende Summen wütender Bienen, die gleich durch die Schlangenhaut brechen würden, gleich, gleich ... – Da wachte Véra auf.

Nochmals, mein dichterchen: so nicht! Weisst du denn nicht, was ein beginn ist? Wie man richtig schreibt?

Weisst Du es?

Ich weiss, wie man sicher nicht schreibt! Oder zumindest, was die leute nicht lesen.

Die Leute. Wer sind die Leute?

Du weisst, was ich meine. Zumindest da bin ich mir sicher. Aber versuch nicht, dich um die antwort zu drücken!

Gut. Ich antworte, so, wie Du es willst. Doch zuerst lass mich eine Frage stellen.

Schön. Also?

Gut. Also: Was Wörter sind, das weisst Du? – Denn die Antwort darauf ist nicht einfach ... Die Frage habe ich übrigens aus einem Buch, das ich letzthin wieder gelesen habe, wo sie mir aus diesem viel gerühmten, aus einem zu Recht berühmten Roman entgegensprangen. Die Hauptfigur des Romans, ein furchterregend gescheiter, dazu arg dominanter Schriftsteller –

Aha!

– Schriftsteller stellt die ominöse Frage nach den Wör-

tern in aller Herrgottsfrühe einem befreundeten Ehepaar und dessen halbwüchsiger Tochter. Gemeinsam ist man im nebligen Halbdunkel in die offene Landschaft hinausgestiefelt, um den Sonnenaufgang zu erwarten. Nasse Wiesen, morastige Wege, mit Tau besprenkelte Brennnesseln und Distelgewucher, ein Entwässerungsgraben, ein Kälbchen hinter Stacheldraht. Das Gelände wird öd genannt, und sein Name scheint seine karge Unwirtlichkeit noch zu unterstreichen: «Wolkenbruchsheim» heisst das Stück für die Einheimischen.

Und was ist damit?

Was ich sagen will: Wie willst du wissen, was ein Roman ist, wenn ein so berühmtes Buch sich nicht mal sicher ist, was genau Wörter sind? – Und genau da mangelt es: Wie willst du meine Art des Schreibens angreifen, wenn wir uns noch nicht mal darauf geeinigt haben, was Wörter sind, was Buchstaben?

Gut, Klugkopf: so gesehen ist nur das Sonett klar definiert. Aber, nein! Hör mir jetzt zu! Es gibt so etwas wie eine Übereinstimmung, was die Leser gerne lesen. Das weiss zwar niemand ganz genau zu benennen, aber damit ist es eben genau an den Schreibenden, einen Text so zu gestalten, aus Gefühl, aus Berechnung, wie auch immer, dass er am Ende so vor einem Leser, einer Leserin steht, dass sie oder er ihn gerne lesen.

Neustart der Mitte?

Neustart der mitte. Zuvor aber:

TYPOGRAPHIN: Hey, Punze!
ES TÖNT AUS DEM BUCH: Ja, Stecher?
WAS, JETZT GEHT ES ALSO NICHT MAL MEHR UM EINZELNE BUCHSTABEN, SONDERN SOGAR UM ... ALSO ... SO WAS!!!
TYPOGRAPHIN: Also, Punze, sag mal, was war zuerst: Die Schreibfläche oder die Schriftzeichen?
ES TÖNT AUS DEM BUCH: Aber, aber, lieber Stecher, wirst du jetzt etwa philosophisch? Muss ja sein ... Denn wissen, also richtig wissen kann doch auch ich das nicht, oder? Ganz abgesehen davon, dass ich voreingenommen bin und dazu tendiere zu sagen: die weisse Fläche. Bin ich doch der Innenraum eines Buchstabens.
TYPOGRAPHIN: Na na, Punze, jetzt wirst aber überheblich. Schon nur «Innenraum»! Ein Raum ist ja wohl noch dreidimensional!
ES TÖNT AUS DEM BUCH: Schau her, schau her. Da irrst du bereits ein erstes Mal. Nur, weil für dich der Raum dreidimensional ist, kann es keine vierte Dimension geben?
TYPOGRAPHIN: Das hab ich nicht gesagt!
ES TÖNT AUS DEM BUCH: Doch, indirekt schon. Denn

wenn es eine vierte Dimension gibt, muss es doch auch Wesenheiten geben, die in jener Dimension leben, sie als «ihre» Dimension betrachten. Und nun also: In welcher Dimension lebe ich? Hm ... ?

TYPOGRAPHIN: Naja, eigentlich in meiner. Aber was du hören willst –

ES TÖNT AUS DEM BUCH: Was ich hören will, weil es stimmt, ist doch, dass ich in einer zweidimensionalen Welt lebe. Was anderes als das ist die Buchseite mit ihrer Druckerschwärze und den herrlichen Zwischenräumen? Und voilà, ich hab es gesagt: Zwischenräume. Ich lebe hier in einem Raum, einem zweidimensionalen Raum, meinem Raum, dem Raum des Buches, eines jeden Buches.

TYPOGRAPHIN: Aber das Blatt Papier ist doch nicht zweidimensional!

ES TÖNT AUS DEM BUCH: Na, jetzt wirst du aber spitzfindig! Natürlich ist es zweidimensional! Oder hast du Buchstaben schon je als dreidimensional betrachtet, hast du schon je dreidimensionale Buchstaben geschrieben auf ein Blatt Papier?

TYPOGRAPHIN: Nein, das wohl nicht.

ES TÖNT AUS DEM BUCH: Also. Und das Papier ist eben jene Fläche, auf die die Buchstaben geschrieben werden, und deshalb –

TYPOGRAPHIN: Können sie nicht auch zu stehen kommen?

Es tönt aus dem Buch: Bitte was?

Typographin: Ich sagte, können die Buchstaben nicht auch auf ein Blatt Papier zu stehen kommen?

Es tönt aus dem Buch: Jaja, sehr witzig! Und wenn du mir nun noch kommst mit: Aber selbst ein Punkt ist ja nicht eindimensional – was er aber ist, in einem Buch, denn er steht dafür –, so red ich bald gar nicht mehr mit dir!

Typographin: Okay, okay, schon gut. Aber eine Frage bleibt noch: Warum sagst du, du seist die «Innenfläche»« eines Buchstabens? Es gibt doch auch halboffene Flächen bei den Buchstaben?

Es tönt aus dem Buch: Ja, jetzt denkst du wohl, du hast mich! Ha!, weit gefehlt. Denn wir, wir reden da vom «Uradel» und vom blossen «Adel»: Das sind die geschlossenen Punzen und die offenen Punzen. Und du, du Schlauberger, solltest du das noch nicht gemerkt haben, redest mit Uradel, also einer richtigen, einer wahren Innenfläche eines Buchstabens, dem wahren, reinen Weiss, der wahren, reinen Unbeflecktheit.

Typographin: Nur weil ihr eine nichtdruckende Innenfläche eines Buchstabens seid, seid ihr «unbefleckt»?!

Es tönt aus dem Buch: Na, wer denn sonst!

Typographin: Naja, meinst du nicht, die Buchstaben seien um Einiges wichtiger und – wie man auch sagen könnte – für das Papier eine «Verschmutzung», die «reinigend» wirken kann?

Es tönt aus dem Buch: Jetzt wirst du philosophisch. Aber auch da hab ich dir ne Antwort drauf: Wenn du die beiden inneren Formen, also die beiden Punzen, wenn du die beim «B» exakt gleich gross machst, wirkt die obere optisch grösser. Dein Buchstabe wird also plump aussehen, als würde er nach unten fallen. Wenn du die obere Punze aber kleiner machst als die untere, sieht dein Buchstabe um Einiges gleichmässiger und ausbalancierter aus. Nun, was sagt dir das über die Wichtigkeit der Punzen, darüber, was bei einem Buchstaben wahrhaftig zählt? Ohne sauber ausbalancierte Punzen ist eine Schrift nur Geschmier. Kannst du uns artgerecht arrangieren, wird aus der Schrift grosse Kunst. Derart wichtig sind wir.

Typographin: Und das macht euch zum Wichtigsten überhaupt eines Textes?

Es tönt aus dem Buch: Nee, nicht nur das. Du weisst aber auch gar nichts. Noch nie gehört, dass die Punzenbreite oder Punzenweite des Kleinbuchstabens «n» als Anhaltspunkt für den Wortzwischenraum dient? Hä?

Typographin: Trotzdem, sind nicht die Buchstaben –

Es tönt aus dem Buch: Trotzdem, trotzdem! Du bist doch unglaublich. So was von verbohrt! Geh doch und klapp alle deine Bücher zu. Du hast uns nicht verdient!

TYPOGRAPHIN: Wen meinst du mit, ich habe Euch nicht –

ES TÖNT DAS BUCH: Swutch!

Die Welt, die ist ein Buch, ein jeder eine Letter ... die Zeiten sind die Blätter ... auf diesen findt man mehr zu hassen als zu lieben ...

Dies ist die böse Dezemberstrasse: Es wird immer zu früh kalt. Die Herzen gefrieren zu schnell. So reist alle Welt nach Lissabon, Spanien, den sonnigen Inseln. Nur unsere Véra spazierte immer noch in der Welt umher, als gäbe es keine warmen Stuben, als würden die Eichhörnchen nicht ihren unechten Winterschlaf halten. Aber ach, der Schnee deckt die Bühne unserer lächerlichen Leidenschaften mit einem Weiss, das am ehesten noch barmherzig zu nennen wäre. Und so spürte auch Véra den Unmut der Welt nicht so hart wie sonst.

Sie lief wie in Trance, wie in Trance schwankte die Strasse in ihrem Blickfeld. Aber sie liebte es, auf die Glockentöne zu achten all der Dörfer und Städte, an denen ihr Weg vorbeiführte. Wenn man aufmerksam zuhörte, tauchten all die Glockentöne gleichsam ein in den Himmel wie in einen weiten, glänzenden See und versanken, zu schwer geworden von den aufgesogenen Wogen, irgendwo im Heim der Russalka, dem armen Mädchen, das ertrank und als Flussnixe wieder erwachte. Das stieg als Lied ihrer Jugend gleich Blasen in ihr auf.

Oder sie horchte gleichsam auf das Grollen des Donners, das sich wie eine rufende Stimme näherte, ihr entgegen.

Und sie sog all die Eindrücke auf, die sich ihr boten: Etwa das Bild einer schmalhüftigen Blondine mit einem Paar symmetrischer Brüste, die feucht zwischen den Rüschen ihrer weissen Seidenbluse wogten. Oder das Gefühl des Windes, der mit dem Sturzregen heranfegt und der Luft Sprache und Bewegung gibt. Die Gischt im nahen See wird hoch in die Luft geschleudert und greift wie mit weissen Klauen um sich. Später, wenn die Tropfen im Gesicht trocknen, vermeint man ein Spinnennetz über dem Gesicht zu haben. Gut erinnert sich Véra an die eine Fledermaus, die eine nur ihr lesbare Mär in den gebläuten Himmel schrieb.

Aber es gab da natürlich auch die eher erschreckenden Bilder, Stimmen, Geschichten: Etwa die eine Menschenmenge, die johlend, trohlend, brechend aus der Kneipe strömte. Oder die Suppe in der Gassenküche, die aussah wie Wasser in Halbtrauer, so dünn war sie. Oder die wirklich widerliche Szene auf der Bühne des Laientheaters in einem kleinen Kaff, wo die eine junge Frau ihr Menstruationsblut zu verlieren vorgab, und die Verehrer schlabberten das Blut vom Boden auf, leckten den blutbesprengten Boden.

Da merkte Véra wieder, dass sie halt doch in einer grausam dummen Welt lebte, in einer Art Maschine des Grauens und Angewidertseins, dem man sich kaum entziehen konnte. Eine Welt, die geschrumpft war zu Idiotien und Perversitäten. Da half es auch nichts, sich wie auf einem Kreuz ausgestreckt hinzulegen, und darauf zu warten, dass Nägel aus Sonnenstrahlen durch die aufwärtsgekehrten Hände drangen.

So musste Véra halt auch leben mit den Dummheiten und Widerlichkeiten der Menschen, den Besucherströmen, die wie eine Umweltverschmutzung aus rotem Dreck in ein grünblaues Büchermeer strömten, eindrangen, sich unter die Schönheiten des Lebens mischten, alles durcheinanderbrachten ...

Zum Glück gab es auf dem Weg auch die schönen Seiten, die sich einprägten wie ein Wasservorrat dem Kamel. Etwa der Tag, an dem Véra stundenlang einen Bach staute, freudig, erregt, als gäbe es keine Zukunft, in der alles offen wäre. Oder sie traf den seltsamen alten Schriftsteller, der seine Manuskripte seit der Kindheit mit seinem eigenen Blut schrieb. So schreibe er nur das auf, was wichtig sei. Und veröffentliche nicht zu viel. Weil er das eigene Blut gerne immer bei sich behalte. Die Autobiographie («Zwischen den Ohren) hatte ihn fast umgebracht. So wenig Blut blieb ihm bei der täglichen Eigenabnahme übrig. Weisst du übrigens, dass ein durchschnittlicher Baum – was immer das heisst – etwa 11'500 Buchseiten von der Grösse DIN A4 und einem Gewicht von ca. 75g/qm ergibt? (Und ein Klafter Holz fast 1'000 Bücher zu gut 100 Seiten, Hardcover?)

Schön auch der Hund, der sich mit seinen Tatzen im frischen Asphalt verewigte, immer wieder, ganz bewusst. Wie ein Abdruck in einer Flüssigkeit, der nächstens verschwinden würde, aufgehoben von seinen Kameraden um ihn herum, von sich selbst, von, der also nächstens, nächstens, nächstens, aber, nein: er blieb, er blieb. Jetzt und dann und auf immerdar. Immerdar. Immer, immer, immer ... *Was?*

Ha ha ha, ich treibe auf meinen Tränen ins Schlaraffenland! Was für eine dampfende Kacke lässt du wieder raus?! – Nee, ich meine natürlich: was für eine schwimmende Kacke lässt du wieder raus! Ha, ha!

Ach fuck, nun hab ich das aber echt satt! Ich kann ja tun, was ich will, nichts ist recht! Nichts! Aber auch gar nichts!! Da gibt es echt nur eins, nur eins, nur eins: den Griff zu, den Griff zu: Seiner Hoheit, dem Kornprinzen! Und so steige ich wenigstens mit ihm ins Märchenland, zum Prinzen der Demokratie, offen für alle, von Romoos, wo ich das alles gestartet habe, bis nach Luzern-Reussbühl, wo ich grad bin, via Tallinn, wo ich –

Ach, halt dein persönliches Wasserzeichen mal raus, ja?! Und deine albernen Klagen. Es wird weder ein klagendes Lied noch eine 10. Symphonie noch –

Jaja, schon begriffen. Gegen ihn gehalten, gell, bin ich natürlich nichts, gehe ich unter, im Sog der Zeiten, wie Véra es grad scheint, GRAD VORKOMMT, *grad scheint, im Gespinst von Wasseradern in Europa, die alle ins Meer fliessen, die Adern, aber doch alle klein starten, schmal starten, als kleines Rinnsal aus schwerem, steinharten Untergrund aufsprudeln, gegen alle Hindernisse anrennen, bis sie, bis sie, bis sie sie durchbrechen, die Mauern, die Hindernisse, und frei fliessen, springen, sprudeln, hochspringen, lossspringen, aufspringen, loslegen, durchstarten, loslaufen, quirlend und zierlend, als Wassernetz, das Europa überzieht, und die Welt. Aber Véra ist nicht verloren, sie ist nicht ...*

Aber Véra war nicht verloren. Denn wenn sie auch nicht wusste, wohin genau sie der Fluss führen würde, so wusste sie doch, dass sie am Ende im Schloss sein musste, dem Wasserschloss Europas, dem –

ACH, JETZT MACHT DER HERR PLÖTZLICH AUF STOLZ! STOLZ AUF DIESES KLEINE LÄCHERLICHE FLECKCHEN ERDE, DAS SICH SOWIESO ALS HERRENVOLK SIEHT, ALS AUSERWÄHLTES VOLK DES GROSSEN MAMMON, DES HERRN ÜBER LEBEN UND TOD, ÜBER GUT UND BÖSE, ÜBER –

Saufen, ja das Saufen, Marilin: die dadurch erlangte heitere Stimmung setzt die hemmenden Kräfte, die Kritik unter ihnen, herab und macht damit die Lustquellen wieder zugänglich, auf denen die Unterdrückung lastete. Tief innen brechen jene Urkräfte los, die darauf warteten, endlich frei zu sein, endlich nicht mehr zurückgehalten zu werden von einer Staumauer der Übervorsichtigkeit, der –

ABER IMMER NOCH KANN DIESE HYDRA DER REAKTION IHR HAUPT ERHEBEN; UM –

Das, Liebste, geht ja wohl nicht. Das Biest hat nicht nur einen Kopf, nicht wahr?!

ACH BLABLA: DU HAST DIESEN DIALOG NUR EINE EBENE RAUFVERLAGERT UND MEINST NUN, SO DEM GANZEN HERR ZU WERDEN. DA MUSS ICH DOCH ENDLICH DIE DICHTERRUNDE BEMÜHEN, DIE ENTSCHEIDEN SOLL, OB DU –

Mach nur, mach! Ich sag schon mal hallo zur «Dichterrunde», gell?! Jaja, die Dichterrunde: Der eine aus ihrem Kreis ist rundlich, klein, braun im Gesicht, wulstlippig ohne Sinnlichkeit, trägt eine Brille und kann nicht schwimmen. Dann Iten: Pfaffensohn, hager, schwarzhaarig und spitznasig, rotbackig, begeistert für George und Kunstgeschichte, bewandert in Redaktionsgeschäften. Und Hürlimann: Bleich, klein herzleidend, verwaist, intelligent. Ferner: die Dichterin Gasser: Gross, hager, sanft und wohlgenährt und wohlhabend, hat sie bereits drei Romane veröffentlicht und spricht beständig vom Mäzenatentum vergangener Zeiten. Anton der Dämliche, der nun meist im Welschen weilt und dessen Mama geschieden war und der seinen literarischen Produkten einen unfehlbaren

Klang ins Zynische zu geben versteht oder aber in Vorstellung halbreif verbluteter Früchte eines müde sterbenden Mondes schwelgt, im Übrigen, vor allem in Damenkreisen, äusserst applaudiert ist. Werner Fritschi, der Gesellschaftsmensch, mehr Journalist als leidender, kämpfender Dichter. Waltander der Geschäftsmann. Und einige Immigranten, zur Wahrung des Bohemienhaften. Das also, tata: die «Dichterrunde».

DIR WIRD DAS LACHEN SCHON NOCH VERGEHEN, DIR! HÖRST DU DIE DICHTERRUNDE? HÖRST DU SIE? SIE FRAGEN, OB DU BEREUST?

Hm, ob ich bereue? – – – Geht es auch, dass ich bedaure?

HM, HM. WOHL SCHON ... WART: ICH FRAG DIE DICHTERRUNDE ... – – – JA, ES GEHT.

Gut, also: Ich bedaure also, ein bestimmtes Buch nie gelesen zu haben, ich bedaure auch, niemals ein Erdbeben, eine Feuersbrunst oder ein Zugunglück erlebt zu haben; ich bedaure, noch nie einen Krebs bezwungen zu haben, ich bedaure, dass ich jenes umherstrolchende Schulmädchen mit den schamlosen Augen, das mir eines Tages auf einer Lichtung begegnet war, nicht angesprochen hatte, ich bedaure, dass ich nicht über den armseligen kleinen Witz einer schüchternen, hässlichen Frau gelacht hatte, als sie alle schwiegen; ich bedauere weiter, dass ich den Euro nicht jenem armen Geigenspieler in Wien gereicht hatte, ich bedaure, dass ich nicht die ganze Hinterlassenschaft der Sprache verwende, ihre Grazie herausputze, die Extremitäten vollendeter Sätze verlängere und sie nach Lust und Laune auflöse, mit ihnen spiele, sich ihrer wie Hintertüren bediene, indem ich meine Gedanken umkehren lasse, ohne sie freizugeben; ich bedauere, dass ich die Sprache nicht wie plastische Materie verwandle und etwas daraus mache, was nicht mehr den Redefluss aus meinem Munde gleicht. Doch das Wort ist ebenso durchtrieben wie die Farbe und manchmal noch mehr; es entzieht sich dem Zugriff und nichts kann es hier in meinem Raum rechtzeitig zurückhalten. Es fängt zu singen an, es entreisst der Kindheit eine Erinnerung und wiegt uns zuweilen mit seinen Liebkosungen ein, ganz langsam, ganz sacht, oder wild und hastig und feurig, bis wir müde sind und schlafen, schlafen, schlafen ... Bis wir endlich träumen, träumen und träumen ...

TRÄUME PERLEN VON DEN RIPPEN DES FARNS, DER LÄRM DER MASSEN EILT VORBEI, WÄHREND DIE MUSIKER DIE STILLE SPIELEN. DOCH DAS AROMA DER LIEBE, DER KAFFEE, FLÜSSIG UND HEISS GETRUNKEN, WECKT AUCH DIE STÄRKSTE FRAU, WECKT DIE SCHLAFTRUNKENSTE EVA IM REICH DER SCHLANGE. UND ADAM, DER NACKTE ADAM STEHT VOR IHR UND WEISS NICHT, WAS ER SAGEN SOLL. SIE JEDOCH STEHT AUF, WÄSCHT LANGSAM IHR GESICHT, UND KNALLT IHM EINE. WOZU, SAGT SIE SICH, HAT MIR GOTT MEINE HÄNDE GEGEBEN, WENN NICHT DAZU, DEM DEPPEN EINS ZU WATSCHEN, IHM EINE ZU

LANGEN? SCHLIESSLICH LÄSST ER TAG FÜR TAG FÜR TAG SO VIEL, SO VIEL, SO ... OHOH!

Und so müssen wir sie kurz ziehen lassen, liebe Leserin, lieber Leser, liebe Marilin. – Warum? Nun, Marilin, Du weisst doch. – – – Nicht!? Ja, aber ... Aber ...

Also gut, lass es mich so sagen: Schämen soll sie sich nicht, die saubere Véra, dass ihre zarte Reinlichkeit der feuchte Mond verweist in eine Binde, und ihr den bunten Finfluss dräut. Der grosse Belt hegt eben Ebb' und Flut, und also was Wunder, wenn's der Mensch, der kleine, tut. Die Rötlichkeit bei ihren bunten Sachen hat niemals ihren Schoss versehrt. Wie Muscheln sich durch Purpur teurer machen, so macht ihr Schnecken-Blut sie erst recht wertvoll. Denn wer liebt ein Tinten-Meer wohl nicht, da man daraus Korallen-Zinken bricht? Und sowieso: Nur einmal bringt das ganze Jahr uns Nelken, aber ihr Blumen-Busch bringt's monatlich, ihr Rosen-Strauch mag nicht verwelken, sein Dorn, der hält bei ihr nicht Stich parat; denn was die sanften Blätter machen, das ist ein Tau von der Johannisnacht. Kann sie gleich nicht die Lenden hurtig rühren, lobt man sie doch im stillen Stehn; denn so ist sie nochmals so schön, dass ein Augenblau sich leicht verlieren wird. Man sammelt, spricht die ganze Welt, viel besser Früchte, wenn starke Blüte fällt. Lasst uns darum kein Fasten halten; wenn auch ein König die Schranken einnimmt, muss er doch fort, wenn sich die Wasser spalten. Und dann, dann... dann muss der Geist ausgestossen sein und man geht – wie jedermann bekannt – durchs Rote Meer ins endlich gelobte Land. Und – ach, da ist sie ...

UND HABE DIE LETZTEN WORTE MITGELESEN: DU KOMMST DIR WOHL EXTREM KLUG VOR, WIE? DABEI MUSS MAN NUR AUF DEINE SÄTZE SCHAUEN!

Aha: Was ist denn ein Satz?

EIN SATZ IST EINE FOLGE VON LAUTEN.

Oh! Wie klug!

LASS MICH AUSREDEN! EIN SATZ ALSO IST EINE FOLGE VON LAUTEN. ABER NUR DANN, WENN SIE EINEN SINN HAT. WAS NICHT HEISST, DASS JEDE SINNVOLLE FOLGE VON LAUTEN EIN SATZ IST.

Hah! Das ist gut: Für mich machen meine Sätze durchaus einen Sinn! Wer bestimmt, was Sinn macht und was nicht?!

ER MUSS WAHR SEIN, DER SATZ! ER MUSS –

Ha again! Was ist Wahrheit? Die alte Frage, gerade der Luzerner, die den Schatten des Pilatus stetig auf sich spüren ...

BLÖDMANN! DAS WAHRSEIN BESTEHT NICHT IN DER ÜBEREINSTIMMUNG EINES SINNES MIT ETWAS ANDEREM, WEIL SICH SONST – DU MUSST GAR NICHT FRAGEN – DA SICH SONST DIE FRAGE NACH DEM WAHRSEIN INS UNENDLICHE WIEDERHOLEN WÜRDE, IN EIN UNDENDLICHES – UNENDLICH WIE ... WIE –

Wie das fliessende Wasser der Gottheit, in dessen Nähe ich immer fühle: Ich enkan noch mag nit schreiben, ich sehe es mit den ougen miner sele und hoere es mit den oren mines ewigen geistes. Denn meine Sprache ist geprägt von der Suche nach dem adäquaten Ausdruck für das unmittelbar erfahrene Erleben. Dem Drang zur Darstellung vormals nicht artikulierter Gefühls- und Lebensbereiche entspricht das immer neue Bemühen um Bilder und Vergleiche, das zu einer ausgeprägten Metaphorik (Wassermetaphern) führt ... Man muss gewissermassen unnehmbare Bilder schaffen, damit die Menschen schäumen. Aber gerade in der Nähe von Wasser, da fühle ich mich, fühle ich mich hilflos, wie einst, als ich aus der Blase brach, aus dem Wasser, das nur für mich da war, von dem ich umgeben war ... Und ... und das kenne ich nur noch, wenn ich mich verliebe, wie letzthin, als es ... hm, ja, als es Liebe auf den ersten Blick war. Oder besser schon auf den ersten Ton!

Ja, es war Liebe im ersten Moment, als ich dort stand: Wie die drei Kaskaden von der Dumpfbacher-Höhe durch die tief ausgefräste Schlucht unter der Krümmeninger Brücke hinweg nach Badpfalz hinunterdonnerte, vom Wasserboden oberhalb der «Tonmüllerschen Säge» schäumten die Garben über den «Bärentritt» und um den sogenannten «Knallkopf» ins erste Gletschermilchbecken, die nassglänzenden Klammwände verengen sich zur Port, gepresst schoss der Stieber hervor und sprühte als tanzende Schleierhose über den senkrechten Felsabbruch, umtoste das «Frauchen», dann wechselte man das Geländer und lässt sich mit den Gischtbärten und Geysirwolken in den Abgrund und den Strudelkolk von «Grabensträtt» spülen. Es gibt kaum Schöneres auf dieser Welt, das man –

Wie?! Geklaut, Marilin, geklaut? Klar hab ich geklaut! Schon immer. Aber was heisst schon «geklaut»? Würdest Du mir das auch vorwerfen in Bezug aufs Leben? Weil ich ja bloss lebe wie jeder andere Mensch zuvor und danach? Ja kann ich denn anders? Kann ich anders?!

Das allgemeine Menschenschicksal ist doch so. Ungefragt wird man aus dem vergangenen Material nach zwingenden molekularmechanischen vererbten Chromosomenplänen geboren (die Epigenetiker können auch noch was sagen, wenn sie wollen), man wächst oder hat zu wachsen, man nimmt Geistesballast auf, macht zwischendurch mal Kinder als nächste Generation, zieht sie irgendwie hoch, die Pausen dazwischen füllt man auch mit Arbeit zur Hungerstillung und mit der Leistungsspielerei Kultur jeder Art und dann, endlich, fährt man laut klagend, gegenseitig gestützt mit den Lügen des Trostes, wieder ins Nichts als Düngemittel für Folgegenerationen unter die Erde.

Kennst du einen, der das anders gemacht hätte, hm? Jemanden, der sich nicht diesem Zwang ausgesetzt sah, zu leben und dann zu sterben?

Ach, dieses Meer kennt keine Küste, wo der Flügelfisch ans Land kriechen könnte, befreit vom Namen. Ewig muss er in den unendlichen Weiten schwimmen, bei Schlossen und Schauern, beim gärigen Wind, und im Gewanken sieht keine Augenflut die nachtblauen Nebelschiffe, die keine Anker werfen können, nirgends, nie.

UND DARIN SEHEN EINIGE EINEN SEXUELLEN ORGASMUS. QUATSCH. MIT NABOKOV.

Ach hör doch Du auf! Deine Pleonasmen sollen besser sein? Nur Wahrhaftigkeit ist das Nennbare. Wahrheit gibt es nicht!

DOCH! EINE WAHRHEIT DES UNWASSERS!

Ach, Du meinst so: Der wahre Garten Eden – das ist die Einöde. Wo niemand spricht, ist Paradies. Die Dünung dampft, der Himmel träumt Gestein. Und also: Das Ziel der Geschichte – das ist das verwitternde Ruinenfeld. Der Sinn – das ist der durch die Augenhöhlen unter das Schädeldach geblasene, rieselnde Sand. Also, auf! – Vermonden wir unseren stoffwechselsiechen Planeten. Machen wir die Erde zu des Mondes Schwester. ... Aber – Warum weinst Du? Ich ertrag es nicht, meine Angst zu sehen im Spiegel Deines Augenwassers. Bitte trockne Deine Tränen, sonst fliesst –

JAJA, WENN DEINER AUGEN LICHT SICH TIEF WIE STERNENGLANZ IN MIR ENTZÜNDET, GELL, DEM HIMMEL GLEICHEND, DER SEIN ANGESICHT, SEIN ZUGESICHT, IM SPIEGEL SEINES WEIHERS ZITTERND, ZITTERND –

– zitternd gründet, mit Wasserrosen unterm leisen –

– HA-HA-HA!

Lach Du nur, lache! Dir wird das Lachen, die Geschichte des Lachens, die Geschichte, die –

«Die Geschichte der Schweiz». So hiess das Buch, das Véra von ihrer Mutter zum siebten Geburtstag erhielt. Doch es war eher *eine Kleinstgeschichte*, EINE KLEISTGESCHICHTE, eine Geschichte der Fragmente. Einzelne kleine Artikel und ihre Urheber zoomten gezielt auf fragmentierte Körper und Gesichter Helvetiens. Da gemalte und gemeisselte Gesichter des Heldenlebens. Dort ein zersplitterter Kopf der alten Helden. Er scheint zu schreien. Amputierte Skulpturen zeigen ihre Wunden. Jaja, das Leid scheint Kunst geworden. Purifizierte Wirkung von Gewalt. Und zum Schluss stand da ein grosses Foto von zwei Flugzeugen am Himmel, die zusammen ein Kreuz zeichneten mit Weiss ins Blaue.

Schloss das die Menschen nicht aus? Stand das nicht für die Aussage, ein Leiden gebe es nur in der Kunst? «Lass meine Ankerspitze Grund fassen im Hafen Leidenlands.» In der Kunst der lebendig gemachten Vergangenheit?

Ja, gibt es anderes?!!

DIE FRAGE SOLLTE LAUTEN: WAS SONST NÜTZT DEN MENSCHEN?

Ach, ach, alles ist so sinnlos. Was nützt es den Menschen? Was soll das?! Also wirklich. Ach, ach. Nie wieder will ich eine Zeile schreiben. Wirklich. Es ist ja immer dasselbe: Die Menschen gehen vorbei und einer sieht ihnen nach, weil er ihnen nichts zu sagen hat. Worte werden zu spät ausgesprochen, Briefe kommen an und werden nicht rechtzeitig geöffnet. Wenn es dunkel ist, macht der Einsame kein Licht, sondern sitzt am Fenster und sieht unten auf der Strasse die Leute nach Hause gehen, brave Leute, die sich Mühe geben und nach dem Rechten sehen. Er aber geniesst seine Einsamkeit und hält sich für mehr, weil er einsam ist. Und was sieht er hinter den Fenstern, was hört er durch die Fenster? Bogenstriche auf einem alten Instrument, ein Vogel, der nach dem Regen im Laub flötet, und die Züge, die erleuchtet und beheizt vorbeifahren. Das alles tut ein Übriges dazu. Aber nicht jeder Abgrund ist Tiefe. Ich habe die Verzweiflung geliebt und mich doch im flachen Gewässer bewegt. Denn einem Rosenblatt nachzusinnen, das sich löst und fällt, ist nur ein melancholischer Zeitvertreib, solange man nicht weiss, wohin es fällt und ob es den Fall fühlt, ob es Abschied nimmt, ohne sich zu beklagen.

Und dann stehe ich an einem Fluss, an einem Bach, an einem Strom, sehe ins Wasser und fühle mich müde, so müde. Und all die Menschen stehen an Strömen, an Bächen, an Flüssen, stehen am Wasser. Und die Ströme, die Ströme, weit ausholend, länger als ein Menschenleben, suchen blind und taub ihren Weg nach Süden oder nach Norden, nach Westen oder nach Osten, werden von Brücken überspannt, die alle irgendwo ins Nichts führen, oder ins Nichts zu führen scheinen, Brücken von Ufer zu Ufer (pons pars viae), Abgründe überspannend, Schluchten übersteigend, hochmütig über Sümpfe setzend, aus Fremdem kommend, in Fremdes gehend, über Dämme und durch Tunnel, ziegenhaft aus der Höhe herabkletternd, zwischen kargen Tannen und silbernem Fels, aus furchtbaren Bergen, frostklirrend im ewigen Schnee und Eis, wo Eiszapfen Menschen aus Freude erschlagen. Und sie fliessen durch Städte, die nahe am Meer liegen, durch Städte, die weit weg vom Meer liegen, sie fliessen durch karge Städte, wo die Not hockt zwischen flachen Bretterbuden oder durch hoch hinausragende Städte aus Granit, durch glühende Städte aus Feuer und Stahl, fliessen vorbei an Feldern, Steppen und Wiesen, durch Seen. Sie fliessen vorbei an Hunden, die am Ufer den Enten nachsehen, einen Vorderlauf witternd erhoben, regungslos verharrend. Ein Knabe angelt und sieht auf das Strömen. Pferde reiben sich schläfrig am Zaum, Schrottberge rosten in der Sonne, rote Baumstämme treiben im Wasser. Land der Mohikaner, Land der Römer, Land der Araber, Land der Russen, Land der Chinesen. Land mit blauen Blumen im grünen Gras, Land der untergehenden Sonne und des Taus. Land der bleichenden Gebeine und der Gasbehälter am Rand der Erde. Land der Starkstromleitungen, der Staudämme und der Palmen. Im Februar, wenn der Wind frierend dem Winter entsteigt und mit dem Express nach Westen jagt, den Regenwolken entgegen, die sich nachts unter dem rollenden Mond dahinwälzen und plötzlich Sterne freigeben, Sterne wie funkelnder Staub, Sterne in Haufen, die sich am Horizont verlieren und in die Lichter der Ebene übergehen. Das alles lässt den Fluss gleichgültig. Oder man sieht ihm nichts an.

Aber was hat das alles für einen Zweck? Was für einen Sinn? Was bringt das den Jahrhunderten? Was bringen mir die Jahrhunderte? Die Welten, die Ideen, die Gedanken und Flüche? Da lebt man also, kichert vor sich hin, weint um dies und das und vergisst diesen Quälgeist in sich nie mehr. Man versucht, die Pläne, die man als Jugendlicher hatte, alle umzusetzen, man läuft den gesetzten Zielen hinterher, hechelt ihnen nach, all dem, was man tun sollte und mal tun wollte, den Ländern, die auf einen warten, den Menschen, die besucht werden wollen, den Speisen, die man alle mal versuchen müsste, den Büchern, die man lesen kann, den Filmen, die alle so gut finden, den Bergen, auf denen man sich mal stehen sah, damals, als einem die Höhenluft noch nichts ausmachte, oder sieht sich um nach den besten Orten zum Tiefseetauchen, was man auch schon mal tun wollte, begehrt ein Atlantis, einen Flug zur Raumstation, sehnt sich nach Liebe, Wärme, Zuneigung und Geld, nach Schönheit, einem grossen Haus und vielen Kindern, nach einem eigenen Garten, nach Tieren, die einen liebhaben und ganz zahm sind, man imaginiert sich Tausende von Mails, die man beantworten kann, Hunderte von Briefen, die man erhält, eine Menge Freunde, die einen besuchen, Nachmittage voller Tee und Kuchen, Abende der lauen Winde, Nächte der strahlenden Him-

melsdecken und Butler, die einem das Telefon auf einem Tablett herantragen, das mit einem roten Samtkissen unterlegt ist.

Währenddessen werden die Pyramiden erbaut, die Schrift erfunden, Ovid geht in die Verbannung, die Nymphen trauern, Shakespeare schreibt seine Dramen, die Mönche stieren vor sich hin, Moskau wächst und schrumpft und wächst, Poe heiratet seine Virginia, Joyce trauert Dublin hinterher, der verflossenen Zeit, Proust schreibt und schreibt und schreibt, Flaubert sitzt in seinem Arbeitszimmer am Fluss, Wagner flieht in die Schweiz, die Antibabypille wird erfunden und Menschen schiessen sich auf den Mond, die Berliner Mauer wird gebaut und abgerissen, die Beatles veröffentlichen Sgt. Pepper's Lonely Hearts Club Band, *in Australien vermehren sich die Hasen, Woody Allen spricht über Gebärmütter, die Menschen essen mehr und mehr Fleisch, jagen Satelliten ins All, sehen fern, hören Radio, spielen auf Computern, und die Welt selbst dreht sich, dreht sich und dreht sich, um sich selbst, um die Sonne und vermutlich im Weltall.*

Mittendrin verursachen Gesichter wie die von Rumsfeld, von Cheney, von Powell und Perle, die hinter einem oberobersten Analphabeten dessen Geschäfte führen, bei fühlenden Menschen Albträume, Angst und Schrecken, zeigen auf, dass für eine richtige Diagnose einer Gegenwart eigentlich ein paar Grundkenntnisse der Physiognomik genügen würden, was jedoch nichts daran ändern würde, dass solche Gesichter immer weitermachen werden, mal das, mal jenes, und sich die Erde auf eine bestimmte Weise unterwerfen. Einige protestieren, versuchen sich einzusetzen für wahres Recht, gegen die Zerstörung des eigenen Planeten, gegen dies und jenes, während andere dagegen protestieren, so oder so.

So läuft die Erde nicht nur um die Sonne, sondern auch ihrem Ende zu, wo dann alles zu Ende sein wird: alles Leben, alle Plagen und guten Vorsätze, alles Denken, alle Schriften, die das Denken hervorgebracht hat, alle Wünsche, Träume, alle Ängste, alle Ideen von Gott, seinem seltsamen Sohn und weiteren Klimbimmitäten, alle als gut gewerteten Dinge, alle als schlecht gewerteten Dinge, solche Dinge, auch andere, dies und jenes.

Aber bis dorthin wird noch manches Schiff den Rhein befahren haben, hinauf und herunter, oder herauf und hinunter, inklusive Schleusen: Tor auf, Schiff rein, das Wasser strömt, da geht das oben nicht auf, das Wasser sinkt wieder, man muss einmal fest anstossen, sich bemerkbar machen, wieder kommt das Wasser, jetzt bleibt es, das Tor oben geht auf, man fährt weiter, beobachtet von Spaziergängern, die aufpassen müssen, dass ihr Herz, das ihre Zunge ist, nicht über Bord geht, wenn sie an dieser einen Wasserader stehen, an einem Punkt der Landkarte des Geistes, sind doch die Flüsse – so kann man zeigen – die Orte, wo der Fortschritt, damals, ganz zuerst am Anfang, gesprossen ist, bis heute spriesst, wieso auch immer, im Sommer, im Winter, wenn sich Véra wie in eine Eislandschaft gerückt vorkommt, was aber auch im Frühling passieren kann, wenn sie jemand grob behandelt, gell Marilin, aber der Kapitän, der Kapitän des Schiffes in der Schleuse hat alles im Griff, niemand braucht einen Eisberg zu fürchten, auch wenn die Welt mehr und mehr ein enger Kerker scheint, in welchem jener Untersuchungshäftling, der man ist, doch lebenslänglich die schlechtest denkbare Luft einatmen muss und auf einen Freispruch nicht hoffen darf, auch wenn man an der Vermeerung der Sprache teilhat, wie Véra, wie der kleine Fisch von der Nordsee, von der Ostsee, der die Bäume als gekentert wahrnimmt, als Bojen im Meer der Trockenheit, der Austrocknung, als stumme Hilfeschreie der seltsamen Menschheit, aller Lebewesen, die leben und leiden, sich Gemälde ansehen, in Sankt Petersburg etwa, wo es ein Bild gibt, das mit keinem vergleichbar ist: Die Wellen sind lebendige Wesen – Entsetzen erregende, bedrohliche, lebendige Wesen, die einem entgegenschlagen, dort, wie dort am Meer, wie dort, dort oben, am Weltenausgang, am Höllenausgang, bevor man in die zugefrorene Pfütze des ewigen Kummers springt und sich von den Wellen forttragen lässt, auf dem Rücken liegend, langgestreckt auf dem Firnis, auf dem Schmutz dieses Wassers, und den Mund so lange als möglich offen hält, um die eigenen Tränen auffangen zu können, die Augen empfangen den Kranz des schon seit jeher anhaltenden Blütenregens, und man reisst sich selbst die linke Brust ab, um sie auf die Erde zu werfen, vom Weltall aus, worauf die Erde in Flammen aufgeht, während man zu den Sternen emporatmet, und weiss doch, man weiss doch, wenn einem Fisch die linke Flosse fehlt, so geht das Feindesland unter, die ewiggültige Geschichte der Erde und ihrer Menschen, tata:

Sie steht auf, er steht auf, sie stehen auf, sie suchen sich was zu essen, sie bereiten das Essen zu, sie essen das Essen, sie schlucken und verdauen, sie putzen und pflegen sich, vielleicht gehen sie jagen oder sammeln oder sie liegen ein wenig herum, schauen einem Vogel zu oder sonstwohin, abends streichelt er ihre Zähne, beide haben Freude aneinander oder auch mal nicht, doch nach dem Essen und nochmals einem Essen gehen sie ins Bett, schlafen, und alles beginnt von vorne, bis die sechs Bretter der langen grossen Ewigkeit warten und dann modern und andere oberhalb der Erde werden wütend, sie zetteln was an mit anderen, die jenseits des Flusses aufstehen und essen und aber auch in den Fluss machen, was die auf dieser Seite nicht mögen, und man ahnt, es geht und es geht und es geht immer so weiter und weiter und weiter … und dann wird da das eine Ufer gegen das andere Ufer antreten, wenn die Dunkelheit gähnt und Licht wird, und die Mütter stehen mit aneinandergepressten Beinen am Schattenbrunnen und versenken beim Zusehen die Last der Jahre in ihrem eigenen Inneren … und irgendwo denkt einer: Wenn ich ein Fluss wäre, wäre Schmerz mir fremd, zwischen Bergen und Tälern würde ich leise fliessen, die Ufer umspülen, die Gräser zum Leben erwecken, den durstigen Vögeln Wasser schenken ... aber wieder erweist sich die Kraft des vernünftigen Denkens als schwächer als jenes, das den anderen nach dem Leben trachtet, nach dem kärglichen Besitztum, nach dem, was man einander neidig ist ... und die kleinen Furchen auf den Stirnen der besorgten Menschen, die sich doch die Sorgen selbst machen, all die kleinen Furchen auf ihrer Stirn sind wie winzige Rinnsale eines Flusses, eines Flusses, der zu einem spricht, wenn man es versteht, wenn man vor ihnen steht, oder zu ihnen selbst, wenn sie vor einem Spiegel stehen ... oder einem Maler Modell stehen, der sein Lieblingsbild malt, worauf nur der Kopf dieser einen Frau ist, der untergeht: ein Frauengesicht, geschminkt, ertrinkend, langes Haar, ein breiter, sinnlicher Mund, Schrecken, Angst, aber der Kopf treibt nur noch ein wenig bachab, bevor er untergehen wird, jetzt dann, gleich, nur noch den September des Herzens im Munde, nie mehr wird er in die Weite trotten, abgeschnitten vom Magensaft der Erinnerung, den sie nicht mehr auskotzen kann, oder wiederkäuen wie eine Kuh, im Gedächtnis, das seltsam erloschen ist, jetzt schon, jetzt, schon, ausklingend, wie eine leise Melodie, die auf einem Kahn gespielt wird, während er bereits um die nächste Flussbiegung gesteuert wird, weg, verschwunden, verklungen, aus ...

Eine ewiggültige Geschichte gibt es nicht. Das Leben ändert sich, das weisst du so gut wie ich. Und sowieso: wenn es eine ewiggültige Geschichte gäbe, wäre sie schon längst geschrieben, von klügeren, gewitzteren Menschen als dir, du –

Lass uns hier mal ausklinken, liebe Marilin; lass mich wenigstens was sagen zum Spannungsbogen und – was das sei? Ja, nun wart doch! Also, der Spannungsbogen ...

Der Spannungsbogen, der durch den langsam anschwellenden Stufengang dieses obigen Bandwurmsatzes läuft, alle Spannungsbögen, die durch alle Bandwurmsätze laufen, die schon lange durch viele Bücher laufen, quer durch alle Staudämme, Zenitschleusen und Wasserfälle, etwa die Art, wie er in einem Bandwurmsatz Italo Calvinos noch stärker gespannt wird als je zuvor, und zwar, indem das Subjekt des Satzes, das bei Kafka noch zu Fuss unterwegs war, bei Calvino nun den Radius des Satzes vergrössert, indem es in einer Eisenbahn sitzt, wechselnde Räume durchfährt, um auf den Schluss zu all den angetippten Stichworten der ersten Satzhälfte, nachdem man sie weiterfahrend beziehungsweise weiterlesend auf allerlei Umwegen über Bienenschwärme, Kohlenstaub und Tunneldurchquerungen bereits seit Längerem hinter sich hat, vollzählig wieder von ein und demselben Atemzug des Satzes eingesammelt und mitgeschleift zu werden, zurückkehrt.

Der Bandwurmsatz ist zwar nicht ganz so alt wie die Menschheit. Im Gilgamesch-Epos wurde er – dies aber bloss aus technischen Gründen – vernachlässigt, obwohl das Hirn auch damals schon nicht unbedingt zur Ausschüttung bevorzugt lapidarer Brocken genötigt, sondern voll ausgereift war zur sprachlichen Bewältigung nicht ausschliesslich primitiver Gedankengänge. Spätestens aber 170 Jahre nach unserer Zeitrechnung zeigte der vollendet auseinandergefaltete Bandwurmsatz überall seine Präsenz, nicht nur bei Lucius Apuleius, der unendlich nuancenreicher in Formulierungen schwelgt als John Doe, der heutige Standard-Ghostwriter.

Und so sind wir nun also im dritten Jahrtausend vor einer Buchseite, die prall gefüllt ist mit –

ACH HALT DIE KLAPPE!

VÉRA SITZT ALSO DA UND IST FROH, DASS IHR NICHT FÄSCHLICHERWEISE EINE BRUST AMPUTIERT WORDEN IST, WAS JA VORKOMMEN SOLL.

???

SO WACHTE SIE ALSO EINES MORGENS AUF UND FAND SICH AN EINEM ORT, DER –

Meine Güte! Wo bist Du denn!! – Gib her!

Véra sitzt also auf dem einen Stein da, nahe dem Fluss, und überlegt schon lange, wie es weitergehen soll. Was soll sie tun? Wozu soll sie leben? Was ist mit ihr all die Jahre geschehen? Warum fühlt sie sich auch auf dieser Reise nicht so, wie sie sich fühlen sollte, ginge es nach ihrem Voraus-

gefühl? Würde sie später sich wieder gut fühlen, danach, wenn alles vorbei wäre? – Was vorbei? – Ich, was mache ich denn hier?! – Ach so ... Also ...

Véra also lief im Januar ... *Im Januar?! – Ach, dann doch lieber so:*

Véra wirft im Januar einen Stein, schleudert ihn weit weg, in Erwartung alles Neuen und Alten. Und tatsächlich trifft sie, so, als würde ein Stein, der ins Wasser geworfen wird, immer dieselben Ringe verursachen, nach einigen Kilometern des Wanderwegs auf jenen, ja, auf jenen, der, was selbst den Leser –

Ach, der schwätzer! Ich klemm ab, hier, liebe leserin. Ich hatte nämlich einen traum, einen traum von der art, wo man sofort weiss: das meint etwas ganz besonderes, etwas, das gesagt sein muss, mitgeteilt werden will. Und so mache ich mich also daran: der traum offenbarte mir also quasi die autopsie von Véras hirn. Diese zeigt, dass der grund für den start ihrer reise, diesen kühnen sprung ins kalte wasser des ungewissen lebens, die geistige umgebung ist, auf die Véra leider angewiesen war (oder ist?). Die schilderung dieses milieus allerdings geschah zu beginn dieses textes so dilettantisch, wie ein gewisser D. R., mitglied einer bestimmten künstlerclique, eben nur sein kann. Der anfang also war so völlig unüberzeugend, dass man dieses urteil ruhig aussprechen darf: meine güte, wie

BAUT DER BLOSS SO EINEN ANFANG AUF, GESCHWEIGE DENN EIN GANZES BUCH, HÄ?!

– ABER ZURÜCK ZUM TRAUM: EIN EINZIGER, ECHTER, WIRKLICHER MENSCH IN IHREM KREISE HÄTTE VIELLEICHT GENÜGT, UM VÉRA NICHT VERZWEIFELN ZU LASSEN ... ABER WIR HABEN – LEIDER – AM SCHICKSAL NICHTS ZU KORRIGIEREN.

R I P.

Aber nochmals zu Riedo, dem Hund, der sich Dinge erlaubt, Vorgehensweisen, die nun wirklich unter aller Sau sind, wie selbst ein Hund zwingend finden muss, da sei sein Name nicht in gerechter Weise missbraucht, sondern in – ja, auch das kann es geben! – Ungerechter Weise missbraucht. Aber damit wie gesagt nochmals zum hündischen Riedo, möge er weiter peneloppieren, auf diesem Feld der weissen Blätter oder auch in weiten Feldern irgendwo in der weiten leeren Welt voll Hass, Klage und Verlangen:

Véra erwachte eines Morgens und ihr schien alles grau und weich. Zuerst klopfte etwas, das war ihr Herz. Etwas anderes setzte an, in übereinstimmendem Rhythmus, aber unhörbar: Das war ihr Hirn. Es dachte. Und dachte. Was suchst du, Véra? Einen Menschen, den du mit den Augen bei den Händen fassen kannst? Oder eine mitfühlende Seele, deren guter Geist noch in der Luft sein wird, wenn sie längst verflogen ist, wie bei einem Auto, das entschwand, während das quadratische Echo seiner zugeschlagenen Tür noch wie ein leerer Ebenholzrahmen in der Luft hängt?

Meine güte: ist das denn ein comic? Bedenke

MAL DEINE BILDER! DEINE ÄSTHETIK! BEDENKE SIE! DU KANNST DOCH HIER NICHT MACHEN, WAS DIR GRAD SO PASST! ES GILT AUF DIE KUNDSCHAFT ZU SCHIELEN, IHNEN WORTE NUR SANFT IN DEN MUND DES HIRNS ZU LEGEN, ZU GIESSEN, WAS IHNEN NICHT RUNTERGEHT WIE EINE BLINDSCHLEICHE, WAS SICH IHNEN SANFT UND OHNE GROSSEN WIDERWILLEN IN IHRE HIRNE WINDET, BESITZ ERGREIFT, OHNE SÄMTLICHE ABWEHRSYSTEME IN ALARMBEREITSCHAFT ZU VERSETZEN. ES MUSS SEIN WIE EIN SCHWACHES GIFT, DAS ABER – DURCH DIE VERSTECKTEN BOTSCHAFTEN – ÜBER EINE LÄNGERE ZEIT SO AUF SIE EINWIRKT, DASS DU SIE IN DER HAND HAST.

Ich kann, ach, ich kann sie nicht abstellen, liebe Marilin. Aber das ist ja auch egal. Es zeigt Dir, wie verzwickt auch Deine Lage ist, wo Du bist, jetzt und immerdar und überhaupt. Also:

Aber Véra war nicht völlig allein. Nicht im Leben noch gerade damals, wo sie auf dem Felsen sass und weinte und die Tropfen ihr langes Haar entlangrannen. Sowieso: Sie schüttelte den Kopf, warf den Stein, den sie so lange in der Hand gehalten hatte, ins Wasser, stand auf, und lief weiter auf ihrem Weg.

Bis sie – das Leben ist eine stete Wiederholung – auf jenen Mann traf, den sie, noch in Holland, schon einmal getroffen hatte auf ihrer Reise. Ganz überrascht war sie, ganz überrascht, dass –

Und es wird Zeiten geben, da wird ein ganzer Krieg unserer Zeit nurmehr einen Abschnitt in einem Geschichtsbuch einnehmen. Millionen von Toten, ganze Leben, die ausgelöscht wurden, für einen dummen ehrenwerten Grund, der keiner ist, nie war, gestorben auf dem Feld, das nicht das ihre war, nie sein konnte, und all diese Toten, all dies Leiden gehen auf in gerade mal einem Satz, einer Zeile, einigen Worten, einem Begriff, etwa «Kriege der Matschbirnen», all die Panzer und Flugmaschinen und Schiffe und Unterseeboote als nurmehr Schrott unter diesem Begriff lassen sich dann bloss ein wenig erahnen von Menschen, die sensibel genug anderes mitgemacht haben, mitmachen mussten, das ihnen vor Augen führte, was die Politiker immer vor Augen haben, den eigenen Ruhm, den eigenen grossen Namen, die eigene Unsterblichkeit, auf einem Planeten, der selbst, abgesehen davon, dass auch da der Ruhm kaum lange währt, wirklich lange – wer weiss schon noch genau, was Nero getan hat? Cäsar? Wer gedenkt Catherine Howards und Anne Boleyns? Was ist Herder heute mehr als eine Lebensangabe in Lexika: geboren 1744, gestorben 1805; ach, dann ist doch auch Schiller gestorben, nicht? Wann wurde denn der geboren? Ach, 1759. Ist nicht Goethe …? Leben, Leben, wo alles drin steckte, was man so hofft und leidet und werkt und Geld verdient und liebt und sich um die Natur kümmert, um die Menschen, um die Politik, alles, alles dies zusammengefasst auf zwei Zeilen, auf einer Zeile, in einem Wort …

– dies alles auf einem Planten also, sage ich, schreibe ich, ich, genau: ich, der in einigen Jahrmilliarden nicht mehr sein wird, nicht mehr, überhaupt nicht mehr, da wird nichts mehr sein, nicht hier, nicht da, nichts! Alles wird weg sein. Damit alle Errungenschaften, alle Heldentaten, alle grossen Namen, alles, was war, alles, das ist, alles, das noch sein wird, unter dieser Sonne, die irgendwann, zwergicht klein hindämmern wird, oder hinglühen, wer weiss das schon? Wer weiss das schon tatsächlich und wie es sein wird? Wer wird es berichten? – Andere Wesen von anderen Galaxien? Aber auch sie werden einmal nicht mehr sein, auch sie werden ans Ende kommen, ein Ende für sie, das nicht überliefert werden wird, auf jeden Fall nicht lange, mit äonenhaften Massstäben betrachtet, nicht lange also, und selbst alles Erinnern daran wird weg sein, an uns, an die, die an uns denken mögen, an die, die an jene denken mögen, die an uns gedacht haben und so weiter. Tatsächlich: und so weiter. Wohin? Niemand kann es wissen, kann wissen, ob es ein Ende gibt, einen weiteren Anfang, ein neues Universum, ein Paralleluniversum, das sich dann doch nicht parallel entwickelt, oder ein Wesen, das alles gespeichert hat, und das dann auch irgendwann irgendwie aufhört zu existieren, so wie es irgendwie und irgendwann hätte anfangen müssen, sei es nach dieser Lehre oder jener, nach einer logischen oder sowieso unlogischen, was heisst das schon, was heisst das alles schon angesichts des nicht Fassbaren, das die Ewigkeit darstellt, obwohl wir die Zeit *erfunden haben, mag da sein, was Kant annimmt oder nicht, was andere angenommen haben oder nicht, alles fliesst, alles geht, bis es eben nicht mehr geht. Ob es auch nicht mehr fliesst? Wie gesagt, und ich wiederhole mich schon wieder und einmal mehr: Wer weiss das schon, wer kann da überhaupt etwas wissen, wer kann überhaupt etwas wissen, was überhaupt etc.? Eben: etcetera.*

Es ist, all dies, zu einem langen Monolog der Gedanken zur Ewigkeit geworden, oder zu einem Prolog der Ewigkeit. – Auch hier: Wer weiss das schon? Jetzt. Früher. Später? Prolog der Ewigkeit, aber nicht für die Ewigkeit, nicht mal für: zwanzig Jahre, sich selbst überlebend ... Was ist das Leben? Hier sieht man, dass es nicht alles ist. Ach ...

Oder ist die Zeit unsere Erfindung? Ich meine: nur unsere? Und in Wahrheit gibt es sie gar nicht, in Wahrheit werden wir gar nicht älter, müssten gar nicht sterben? Nochmals also: Ist Zeit nur unsere Erfindung? Aber dann ist es eine verdammt gute Erfindung! Weil schöne Seiten darüber geschrieben worden sind, wunderschöne Seiten, herrliche Bilder darüber gemalt worden sind, einige der besten Kompositionen daraus entstanden sind, Plastiken herausgehauen oder geformt wurden, die Zeit als Bewegung im Film zu sehen war, der Sport die schönsten Bewegungen nur ihretwegen entwickelte, die Kinder sich ihretwegen –

Man gehe sie durch, die Kunst: die eine Idee, da ein

Haschen nach den Äonen, dort, hier ein Abbilden der Zeit, der Versuch des Festhaltens, viele beste Annäherungen an ein Phänomen, das die Menschen seit ihrer Einführung, seit ihrer Erfindung, seit –

Wie sich die Zukunft in die Gegenwart und die Gegenwart in die Vergangenheit umsetzt, wie uns das Gegenwärtige immer entweicht, so entschwindet unter unseren Fingern das Leben, das Lebendige selbst, und fällt der Erstarrung anheim. Was für uns und in unserem Sinn lebendig sein soll, bedarf der immerwährenden Erneuerung, damit wir erfahren können – ich rede als Mensch –, was die Gewohnheit in uns erstickt. Was aber lebendig in unserem Sinne ist, muss notgedrungen wirklich und gegenwärtig sein. Dieses Entweichen und gegenseitige Durchdringen aller Dinge und Wesen tritt schon sehr früh auf und nimmt häufig die Gestalt der Metempsychose an.

ALLE ZEITALTER SIND GEGENWÄRTIG. DIE ZUKUNFT REGT SICH IM GEISTE DER WENIGEN, DAS TRIFFT VOR ALLEM AUF DIE LITERATUR ZU, WO DIE WIRKLICHE ZEIT UNABHÄNGIG IST VON DER SCHEINBAREN UND VIELE TOTE ZEITGENOSSEN UNSERE ENKEL SIND.

Doch nie vergeht die Zeit so schnell wie bei einer Tätigkeit, die wir mögen: dem Essen, dem Trinken. Ach, wir können Stunden denken an Hammelragout oder Rindfleisch mit Zwiebelsauce. Und in Minuten ist es aufgefressen. Oh Tage schneeerfüllter Seligkeit, regenspeiender Sattheit, eisiger Wohlheit. Was denk ich an Eiskaffees, Schnäpse zum Dessert und gefrorne Torten, die wir als Kinder assen. Ach, ach, und dann wächst der Bauch, wächst der Zuckerspiegel, kommt der Altersdiabetes, sind wir ständig am Ablehnen, am Abnehmen, um dann in drei Tagen alles wieder kaputtzumachen, was wir in zwei Monaten erreicht haben …

Oh, wie fühlen wir uns klein, klein und fett, klein und schlecht. Wie fühlen wir uns bestraft mit so einem Körper, dem Zerfall hingegeben, der langsamen Abnahme aller Körperfunktionen, dem Dazukommen von Gebrechen. Oh, wie kommen wir uns vor, wenn wir schlanke Tiere beobachten, die fast zärtlich von Baum zu Baum springen, im Wasser dahinschnellen, als wäre da fester Boden. Was fühlen wir uns müde, so müde, wenn wir sehen, was eine Tiermutter für ihre Kinder alles tut. Was fühlen wir uns hilflos, mit unseren schlechten Zähnen und wachsenden Glatzen und den überhandnehmenden Schweissausbrüchen. Mit unseren Organen, die schmerzen und ihren Dienst versagen. Mit unseren Sinnen, die uns täuschen. Täuschen und bewusst hintergehen. Die uns auflaufen lassen oder sinken mitten im täglichen Leben. Was bleibt uns als Schmerz und Wunden und ein trauriges Los, das so sicher gezogen ist, wie jede Werbung uns das Glück weiszumachen versucht.

Doch die seelen grosser männer ziehen bisweilen durch uns alle hindurch. Es zieht, es zieht ... viele mögen keine zugluft. Ach ja.

Was wird bleiben? Das hier? – :

... Eine leere seite! – ? – ! – : Ach, der riedo ist doch dumm. Auch eine leere seite, trotz tristram und hundeköpfen, wird nicht bleiben. Wird ncht bestehen können, vor keinem gott, keiner göttin, keinem weltenschaffer und weltenerbauer, weswegen die meisten schriftsteler keine sind, weltenerbauer, lalatrilala, aber das weisse blatt, dieses weisse blatt, wird ihn auch nicht retten. Nicht den baum, der sich hergeben musste, nicht riedo, der im orkus verschwinden, und auch nicht véra, die – egal, wie lange die lebt – irgendwann nicht mehr sein wird, und an die man sich nicht mehr erinnern wird, von der nichts mehr zeugen wird, nicht mehr sein wird ... es sei denn ...

Wie weit strecken sich die Vorgebirge der Möglichkeiten ins Meer der Unmöglichkeiten? Wozu ist der Mensch mit seiner Technik und dem starken Drang, das zu suchen, was er finden möchte, wozu ist dieser Mensch fähig? – Das Grosse geschieht wie das Rieseln des Wassers, das Fliessen der Luft: Man weiss nie, wo gerade jetzt jemand eine Erfindung macht, die auf Hunderten von vorangegangenen Leben zustandekommt, die plötzlich erreichbar machen, was so lange ein Traum nur war. So gibt es ja Flüssigkeiten, die wie reines Wasser aussehen, aber durch Hinzutun eines neuen Stoffes den schon immer darin aufgelösten zur Erscheinung bringen, hervortreten lassen, erstrahlen lassen, ewig fliessen lassen ...

Doch wovon spricht das Wasser? Von sich selbst. Darin liegt seine Schwermut.

Ein Hoch auf die Sentenzen: Ha! Da kenn ich noch ein paar. Etwa: Ein Tropfen Güte ist mehr als ein Fass Wissen. Oder: Wir fahren im Alter noch zur See, liegen wach in unseres Bettes Kahn und horchen, wie der Regen aufs Dach trommelt; dann nehmen wir Kurs auf unsere Zehen. Dort wollen wir das Defilee der Wassermassen abnehmen. *Oder: Das Meer der Erinnerungen wälzt Muscheln, Tang und Sand und Kot und grünes Flaschenglas.*

Das Meer berennt sein Fundament, du Depp. Das ist doch, was zählt. Und zuweilen kippen von den Klippen Kreuze, ganze Särge fallen ins Meer. Und das Fischsignal zerreisst die Wolkenfahnen, gellt, im Wolkental. Aber der eine treibt schon eine ganze Weile mit dem Bauch nach oben, während die anderen um ihn herum im Flüssigen quirlen.

Ja, und ich seh in Stacheldrähten die Notenzeilen einer Partitur und die Vögel, die sich niederlassen, schreiben mir die Melodie.

??? !!! ??? Oh, aber oh: !! Das ist nun aber tatsächlich, also tatsächlich etwas vom Sch—

Ach, grab Dich in dampfenden Mist ein und stirb elendiglich im Wahn. Denn Scheisse bist Du und zu Scheisse sollst Du werden.

...
Bin ich – bin ich hier – im – himmel?

Petrus: Sie geben also an, Asyl für Ihre vielgeplagte, verwundete Seele zu suchen, die der Torturen und Erniedrigungen leid ist, der Armut und des Banausentums, des Plebs und des Pöbels und der allerorts lauernden Gefahr, zum Spielball und Opfer des Bösen zu werden – als läge auf Ihrem Geschlecht wie auf allen übrigen ein unausrottbarer Fluch, und wie einst Ihre Grossmütter und Grossväter gelitten, so leidet auch die heutige Generation, und so werden leiden die noch Ungeborenen bis ins siebte Glied und gelegentlich darüber hinaus. Als Corpora Delicti brachten Sie bei: einen durch die Lochzange eines unausgeschlafenen Kontrolleurs entwerteten Fahrschein für die Strecke Basel–Olten, eine Seite aus einem Schulheft mit irgendwelchen Krikelkrakeln darauf und einen bis zur Fadenscheinigkeit abgetragenen Körper. Aber der Reihe nach.

Sie: Ja, immer schön der Reihe nach. Greif nur zu deinem Telefon und sende mich wieder los, einmal mehr, einmal mehr, einmal mehr auf Erden zu gehen, auf Erden zu wandeln, jetzt, hier und immerdar! Aber ich, ich habe meine Lebenserinnerungen, die immer wieder gelöscht werden, diese Erinnerungen habe ich von einem dressierten Käfer unter der Rinde

IN EINEN ALTEN BAUM FRESSEN LASSEN. UND AUCH WENN DAS KEINER JE LIEST, SO HABE ICH DOCH ETWAS GETAN, HABE ETWAS HINTERLASSEN, HABE MIR GENUGTUUNG VERSCHAFFT DABEI, DAS ELEND UND DAS LEID AUFNOTIERT ZU HABEN. HINTERLASSEN ZU HABEN.

PETRUS *(NEBEN IHR):* *Bringe keinen Ton mehr heraus. Schweige nur den Hörer an. Oh, wie ich ihnen gleiche, all den Einsamen, Verlassenen, die ihre Wut in den Telefonhörer schnauben, um sie zu ersticken. Oh, wie habe ich manchmal eine Wut auf Daddy, der hinter den Wolken hockt und sich nichts mehr ansehen will. So schweige ich ihn also an, ab und zu. Schweige, und denke mir meine Sache.*

SIE: IMMERHIN SAGEN SIE WAS: AUCH WENN ES NICHTS IST. DAS SAGEN SIE DAFÜR ELOQUENTER ALS ANDERE. DENN EIN ANDERER WÜRDE KEINEN VERNÜNFTIGEN SATZ ZUSTANDE BRINGEN. ABER WIE EIN WASSERHAHN SPRUDELN.

Gottes Idee eines Flusses ist der Fluss. Gottes Idee eines Flusses ist der Fluss. Gottes Idee eines Flusses ist der

PETRUS: *Woher kommen Sie? Aus einem Land, wo in den Betten gestöhnt wird und ansonsten geschwiegen? Wo es nur schmutzige Wörter gibt und saubere Wäsche? Zu oft gewaschenes Geld?*

SIE: ICH MÖCHTE EINFACH NUR FREI SEIN.
PETRUS: *Frei?*
SIE: FREI VOM SCHICKSAL, FREI VON VATERLÄNDERN UND MUTTERSPRACHEN. FREI VOM KÖRPER, FREI VOM LEBEN, FREI VOM TOD UND ALLEN SCHMERZEN, FREI VON MEDIEN UND ALL DEM RUMMEL, FREI VON GERMANY'S NEXT TOP WHORE, FREI VON POLITIKERNUTTEN, DIE SICH ANBIEDERN MIT IHREN BÄUCHEN UND KAHLKÖPFEN WIE ÄPFEL, DIE RICHTUNG BODEN FALLEN, WIE VÖGEL, DIE ERFROREN VOM HIMMEL STÜRZEN. ICH MÖCHTE FREI SEIN VON PISSE, KOTZE UND VON DEM, IN WAS MAN NUR UNGERN HINEINTRITT. ICH MÖCHTE FREI SEIN VON ALLER HUNDEKACKE RUND UM DIE WELT, ÜBER DIE MAN EINEN ROMAN SCHREIBEN KÖNNTE, ODER ZUMINDEST MIT DER ALS SICH DURCHZIEHENDES MOTIV: GEBOREN IN HASTINGS, HINEINGESCHUBST IN BULLDOG-SCHEISSE MIT FÜNF, GEZWUNGEN WORDEN, SCHÄFERHUNDEKACKE ZU FRESSEN MIT SIEBEN, GANZE KÜBEL MIT VARIANTENREICHER HUNDESCHEISSE GEFÜLLT MIT 13, UM WAS DAZUZUVERDIENEN. IN DER SCHULE GELERNT, WARUM DAS FRESSEN VON HUNDEKACKE NICHT BESONDERS GESUND SEI. UND HATTEN ZU ERFASSEN, DASS DIE SCHEISSE RUND UM DIE WELT REICHTE. WÜRDE MAN ANEINANDERLEGEN, WAS TÄGLICH GESCHISSEN WIRD, REICHTE ES JEWEILS FÜR MEHRERE MALE UM DIE GANZE ERDE. AUCH WENN

die toiletten in jedem land anders aussehen. Und wie viel papier lassen wir jede minute weltweit in die kanalisationen? Mit unseren exkrementen dran. Nur weil wir uns zu gut sind, da hand anzulegen. Ganz direkt.
Ach, das weltall gehörte überschwemmt mit unserer scheisse. Damit wir mal merken, wie scheisse die ganze welt eingerichtet ist. Wie wenig überlegt wir eigentlich kreiert wurden. Mit welcher scham, die nur schadet. Unserem lebensraum, dem unserer mitwesen und dem in alle zeiten und räumen liegenden anderen wesen. Ach, ach, all dies leid …
Denn schon zu beginn sind doch die meisten von uns schon verschissen. Werden verschissen. Unsere mütter, die uns rausdrücken, drücken gleichzeitig auch scheisse raus, das weiss sogar der himmelspförtner, und schmieren also den neuankömmling gleich zu beginn schon voll. Hallo! Schön, dich hier zu haben. Nimm mal schon eine portion scheisse zum geschenk. Hier! Plutsch, wird man vollgeschissen. Nur jene, shakespeare hatte wieder mal recht, die per kaiserschnitt geboren werden, sind nicht gleich voller scheisse. Vielleicht merken sie später umso mehr, wie schlimm das ist, von a bis z in scheisse zu stecken. Von der

POLITIK, DER WIRTSCHAFT, DER KUNST, DEN MEDIEN TAGTÄGLICH MIT SCHEISSE EINGEDECKT, ZUGEDECKT ZU WERDEN. «NEHMEN SIE NOCH EIN STÜCK SCHEISSE, BITTE.» «DANKE.» «SCHON RECHT. SIE SEHEN JA AUCH AUS, ALS KÖNNTEN SIE ES NOCH GEBRAUCHEN.» SCHEISSE, SCHEISSE, SCHEISSE ALLERORTS. MAN ENTKOMMT IHR NICHT MEHR. SELBST AUS DEM EIGENEN ARSCH LÄUFT SIE RAUS; UND TROTZDEM BLEIBT MAN SELBST VOLLER SCHEISSE. SCHEISSE HINTEN, SCHEISSE VORNE, SCHEISSE OBEN, SCHEISSE UNTEN. ALLES VOLLER SCHEISSE. INNEN, AUSSEN, SCHEISSE, SCHEISSE, SCHEISSE. ICH KANN ES NICHT MEHR HÖREN, NICHT MEHR SEHEN, NICHT MEHR ERTRAGEN.

PETRUS: *Was so ein Schäferhundehaufen wohl wiegt? Ach, es gibt doch Rätsel auf der Welt, die gibt es gar nicht. Da hat ER doch schon allen was gelassen, das ihnen zu tun gibt. Ganz wie die ganze Welt: Unverkennbar toll eingerichtet. Auf ewig und immer. Und es wird ihnen nicht langweilig dabei. Ach ja ...*

SIE (ERSCHIESST IHN):   SO. NIMM DAS. DU ARSCHLOCH!

Und der Himmel ist leer. Ist leer.

Morsezeichen scheissend, das wäre eine Idee; was sagst du, mein Arsch?

Du willst mir sagen, ich soll eine neue Bewegung gründen, die endlich die logische Konsequenz zieht aus rationalen Überlegungen, dass der Kapitalismus als ewiges Wachstum und ständiges Wachstum des Konsums, der Produktion, des Ressourcenverbrauchs, des Bevölkerungswachstums etc. zerstörerisch und langfristig Selbstmord ist und die Lebensqualität senkt und auch langfristig zerstört und dass diese zu gründende Organisation den Austritt aus der Wachstumsideologie fordern muss – was bisher niemand konsequent gefordert hat, auch nicht die Linken, denn Wachstum wollen auch die, damit alle Arbeit haben und Wohlstand und Luxus; wachsen, wachsen, wachsen, dabei ist das Einzige, was immer wächst, Krebs.

Mein Arsch ist also für eine Senkung des Wohlstandes bei uns, für eine aktive Senkung der Bevölkerungszahl (und damit für ein lange fälliges Ende der Unterstützung respektive Förderung der Fortpflanzung und der Immigration aus wirtschaftlichen Gründen; nur noch wahren Flüchtlingen sollte der Aufenthalt bewilligt werden, nicht mehr den Deutschen und Indern, die unsere Wirtschaft braucht, weil wir die entsprechenden Leute nicht ausbilden wollen, da es zu teuer wäre etc.), für eine Verteuerung der Ressourcen wie Wasser, Strom, Boden, alles soll teurer werden, damit man sein Geld wieder für das ausgibt, was wirklich notwendig ist, Nahrung und Wohnung und so, nicht für drei Autos und fünf TVs und für vier Mal im Jahr nach Thailand ...

Ach, aber da ist doch fast keiner mehr, ist doch keiner mehr, der logisch zu denken weiss, der aus einem Wassertropfen auf den Atlantik oder die Niagarafälle schliessen kann, ohne eins von beiden je gesehen oder davon gehört zu haben. Was? Unmöglich! Ja, für Dich, für sie, für Euch. Aber nicht für jene, die eben vorausdenken können, vorausrechnen, vorausschliessen. Die Zeichen, gewisse Zeichen stehen doch schon lange auf Sturm.

Weisst du, du hast teilweise schon recht. Auch ich passe manchmal nicht ganz zwischen Mütze und Schuh. Aber da man nun mal im Hier und Jetzt lebt –

Was?! – Aber du lebst ja gar nicht im –

Aber da man nun mal im Hier und Jetzt lebt, sollte man es besser wie ein Fluss halten, weisst du. Der fliesst und fliesst und ahnt nicht, dass er im Winter zufrieren muss. Und kommt der Winter, friert er zu. Man muss eben im Einklang mit der Zeit leben. Mit der Zeit gehen. Nicht über die Ufer treten. Nicht vor lauter Wut und ver-

ZWEIFLUNG WELLEN SCHLAGEN, DIE DIE KLEINEN NES-
TER AM UFER DES FLUSSES ZERSTÖREN.

Teil des Systems sein?

SO SIEHST DU ES. DU!

Bis sie, also Véra – das Leben ist eine stete Wiederholung – auf jenen Mann traf, den sie, noch in Holland, schon einmal getroffen hatte auf ihrer Reise. Ganz überrascht war sie, ganz überrascht, dass –

Ja, genau. Er erzählte ihr, dass der Künstler, der wirklich bleibt beziehungsweise dessen Werke, die wirken bleiben werden, sei einer, der mit Plutonium arbeite! Alle anderen lache er inzwischen aus. All die anderen, die ebenfalls «ewige Werke» schaffen wollten, die aber alle nichts seien.

Ja, aber, wandte Véra ein, was sei so zu schreiben? Grosse Romane wohl kaum. Was also könne man in wenigen Worten bleibend ausdrücken?

Das, meinte nun wieder er, sei ganz einfach: Alles, was er schreiben werde, würden die Worte sein: «Ich bin Theophil Kreischner». Mehr gebe es auf dieser Welt sowieso nicht zu sagen. Wirklich Gültiges. Dafür werde er den Nobelpreis selbst beantragen. Und zwar den für Literatur wie auch jenen für Chemie. Denn er habe das Verfahren, wie er mit Plutonium malen könne, auf Steine, ohne sich dabei zu kontaminieren, dieses Verfahren habe er auch gleich noch entwickelt.

Ja, da war nun Véra wohl ganz baff. Sie konnte das einfach nicht fassen. Der auf jeden Fall hatte sich innert kurzer Zeit so verändert, der Typ, dass es ihr einfach unmöglich erschien, ihn noch als jenen zu akzeptieren, den sie in Holland getroffen hatte, damals. Aber doch, was macht eigentlich den Menschen aus?

Was macht den Menschen aus?

Ja, was macht den Menschen aus, lieber Leser. Und liebe Leserin, was –

Aber da tönte es und schrie ganz seltsam beziehungsweise fauchte auf eine Art oder was war denn das für ein Geräusch?!

Etwas war den Hang herabgerollt und lag zu ihren Füssen. Ah, ein kleiner Igel. *Ein kleiner Igel.*

EIN KLEINER IGEL!

Aber plötzlich, plötzlich jagte ihr dieser kleine Igel solch einen Schrecken ein, einfach der Anblick dieses Igels, die Geräusche, die sie noch im Ohr hatte, die Stacheln, die ihr wie dem Auge entgegenzustreben schienen ... – jagten ihr solch einen Schrecken ein, dass Véra losrannte, wegrannte, flussaufwärts, flussaufwärts, als kannte sie keine andere Aufgabe, heute nicht und gestern nicht und morgen auch nicht.

Sie lief und lief und wanderte und spazierte und hüpfte und lief und wanderte und wanderte, und kaum merkte sie, einmal mehr, wie die Tage vergingen, wie die Nächte länger wurden, wie es immer noch kalt war und gefroren und wie einem der Atemhauch sichtbar zum Munde herausdrang. Und wieder traf sie spannende Menschen, die spannendere Leben führten als sie früher. Dachte sie.

In *** traf sie –

Und sie lief durch die Literatur. Lief durch unter dem Balkon von Romeo und Julia, sie bekam Spritzer ab vom Mord, den Hamlet gerade beging, sie sah, wie Jesus gekreuzigt wurde, sie roch die Seife in der Hosentasche des Mister Bloom, wurde fast von der Kutsche überfahren, in der gerade Madame Bovary weiss nicht was tat, sah Poe über die Schultern, wie er an einem Essay arbeitete und sah später den Raben dort sitzen, oben, oben, aber flutsch versank das Haus in einem neuen Erdspalt, den Winnetou gerade mit seinem Papppferdchen übersprang, verfolgt von Ahab, der seinem Wal nachtauchte, den Véra aber nicht sehen konnte, genau so wenig wie Godot, also den Typen, auf den diese zwei Typen dort drüben warteten, und so vergeht die Zeit, beim Madeleine-Fressen und beim Schauen aus dem dunklen Fenster auf die erleuchteten Fenster, auf all die Frauen und Männer und Kinder und Tiere, die in der Literatur vorbeiwatschelten, vorbeizwitscherten, die kamen und gingen, wie im richtigen Leben, das so richtig gar nie gekommen war, das so richtig gar nie gegangen war, das wie im Märchenland schien, unterirdisch seltsam wie bei Alice, der Véra gerade zusah, wie es trank, und trank, und dann war sie, also Véra, doch schon in New York, wo sie auf der Ferry sass, zusammen mit Gesine und ihrem Töchterchen, um in der nächsten Sekunde zu sehen, wie Dido die Kuhhaut in ein feines Band zerschnitt, und weiter, immer weiter geht die Reise, zurück, zu Odysseus bei den Sirenen, vor Troja, und zu Gilgamesch, der unruhig die Ankunft Enkidus erwartet, wartet und wartet, und wohl lesen wollte, könnte er schon lesen, wie Véra lesen kann, wie wir lesen können, wie die Menschheit heute lesen kann, obwohl damals, also bei Gilgamesch, der Mensch – die ganze Geschichte der Erde betrachtet, nicht einmal der Welt, also nur der Erde – kaum viel jünger war als wir heute ...

Ach, jetzt fängt das wieder an, das kann ja schön bunt werden!

Darf's auch blau sein? – Denn darauf schwimmt alles zurück an Véra vorbei ...

Plötzlich reisst ein Sog sie zurück, zerrt nicht an ihr, aber zieht wie die ganze Welt vor ihren Augen vorbei, als wäre alles nur auf einem auf Rollen gespannten Tuch zu sehen ...

Als wär alles auf einem bunten Tuch, das vor ihren Augen aufgezogen wird, oder zurückgezogen, als könnte man es einmal in diese Richtung und dann wieder in die andere ziehen –

Nietzsche hätte seine freude dran gehabt!

Als ginge es in diese Richtung und dann in jene, als –

Warum bloss so plump? Warum? Warum? Warum?

Ach, ein Lied über den Wolken ist auch nicht überraschender als meine Kacke damals am Fieberthermometer, als mir sowieso nichts fehlte. Ich meine:

Ein Lied über den Wolken ist auch nicht überraschender als meine Kacke damals am Fieberthermometer, als mir sowieso nichts fehlte. Nicht wahr?

Doch, doch, es ist wohl wahr. In deiner eigenen Welt. Innerhalb deiner Gesetze. Aber ob sie, ich mein ... nee, anders. Ich will dir einen Tipp geben: du musst die Sprache ablecken, damit sie nicht zu steif wird! Und was die Sprünge in der Geschichte betrifft, also ich meine diese ganze Art des —

Und ab und zu platzt bei mir eben eine geistige Fruchtblase, platzt in all ihrer Süsse so eine Blase in meinem Kopf, in meinem Hirn, bringt meine Windungen so in Fahrt, dass ich meerheitlich – dass ich mehrheitlich nicht mehr ganz Herr meines eigenen Kopfes bin. Gut, das ist man sowieso so nicht. Hier auf ... hm, also hier. Höchstens in einem Buch ist man das manchmal. Weil da alles – weil da alles – weil ... da ...

Klitter-klater-kladde. Wie der bleiche Bach, der sich ständig erneuert, in einer anderen Sprache, geht das Buch, springt und hüpft und zischt dies Büchel weiter. Vorbei an Parzival und Erec und Iwein flieht unsere Véra also, vorbei an Faust und Mephistopheles, vorbei auch an dem gestiefelten Kater und dem goldenen Apfel, an Mädchen, die eigentlich nur ein Apparat sind, am Wasserfall, hinter dem ein verborgener Eingang in ein Hochtal auf einer Insel liegt, an Wasserundinen, Heines Nymphe auf dem Felsen, an Rückerts Brunnen und allerlei Wasserwesen aus Sagen, Märchen und Legenden, vorbei, vorbei, ins feuchte, dunkle Etwas, das Véra als Traum vorkommt …

Wie ist sie hier gelandet? Wie kommt es, dass sie nicht weiss, wie genau sie hierhergekommen ist? *Sie ist von Kapitel zu Kapitel zu Kapitel zu* – ACH HALT DIE SCHNAUZE! Wieso kann sie sich nicht erinnern, wie das alles gegangen ist: Von der Kindheit – oder sogar von der Geburt her – über die Schuljahre, als Mama noch da war, hin zu dem Tag, eben jenem, der … und dann weiter all die Jahre, all die Jahre, bis sie sich entschieden hat, bis sich ihr Hirn entschieden hat, oder ihr Körper, bis sie sich entschieden hat, loszugehen, loszulaufen, loszutraben, einfach weg, weg von dort, von dort oben, aber eigentlich auch weg von hier, wo sie ist, auch von dort, wo sie sein wird, denn sie wird doch, das weiss sie jetzt, nur weglaufen vor sich selbst, was aber nicht geht, was ...

Nur im Traum, manchmal. Da will sich Véra aber oft auch in einem Fluss verstecken (Welcher ist es?), weil sie die Augen fürchtet, die darin schwimmen wie Fett in einer wässrigen Suppe. Sie flieht hinter Gebüsch, hinter Bäume. Trotzdem versucht sie, vorwärts zu kommen, weiterzukommen. Doch es geht kaum, so von Baum zu Baum zu Fels zu Laterne, immer hinter einem Gegenstand, der sie vor dem Fluss verbirgt. Nur im Nebel ist es köstlich leicht. Und erleichtert erwacht sie.

Doch warum wollte sie sich verstecken? Sie weiss es doch nicht. Oh, wenn die Stadt im Dunkeln schwimmt.

WELCHE STADT?

Alle Städte. Wie ein bleicher Traum fliegt dann die Farbe aus Véras Leben. Und nur der Himmel, die Wolken, die Blüte, die Welle und das Tier können die Dämmerung wandeln zu Licht. Das Tier ... Welches Tier ... ? ...

Ach, es war nur ein Traum im Traum. Ein Traum im Lebenstraum. Ein –

APROPOS TRAUM: SOLLEN WIR NUN NOCHMALS EIN NEUES KAPITEL ANFANGEN? ICH DENKE, ES KÖNNTE SINNVOLL SEIN, NICHT? SO ALS LETZTE CHANCE?

Wir? Also ich muss schon sagen.

Genau!
Hm ... – – –

Oder aber noch etwas ganze anderes dazwischen. – Nämlich dies:

FRAGE: Herr R., wie halten Sie es mit Ihrem Hirn nur aus?

ANTWORT: Hm, das ist etwas, was ich mich tatsächlich auch schon oft gefragt habe ...

FRAGE: Aha, Sie geben indirekt also zu, dass Sie wahnsinnig sind?

ANTWORT: Ach kommen Sie, Sie wissen ganz genau, dass dies nicht eine der spannenden Fragen ist ...

FRAGE: Naja, ich muss zugeben ... Gut, also dann: Warum machen Sie es sich so schwer oder anders gesagt: Warum macht es Ihnen Ihr Hirn denn so furchtbar schwer?

ANTWORT: Sie sagen es richtig: Es ist an sich mein Hirn, das so schwierig tut. Aber warum, das kann auch ich nicht endgültig sagen. Es ist bestimmt zu einem grossen Teil so, dass ich mich in meinem ganzen Denken nicht dem zu nahe fühlen will, was ich anderen Menschen als typische Art des Denkens zuschreibe. Inwiefern man sich da überhaupt unterscheiden kann, mag ich nicht endgültig beurteilen. Immerhin halten Sie es ja auch für eine andere Art des Denkens, des Schreibens – das, was ich tue.

FRAGE: Da sind wir also beim Hauptthema: Warum tönt Ihr Buch zu Beginn relativ normal, um dann immer abgedrehter oder verworrener zu werden, um nicht zu sagen: nicht mehr zu lesen?

ANTWORT: Die kurze Antwort: Weil ich am Anfang ungefähr die Hirnbewegungen nachahme, bei der ich mich fühle wie eine in langsamem Tanzrhythmus leicht geöffnete Qualle; in der Mitte nehmen das Tempo und der Verschliessungsprozess zu. Hier sind wir bereits –

FRAGE: Gut, gut. Und was ist mit dem grossen Sündenfall von Véra? Wie kommen Sie damit klar?

ANTWORT: Ja, da legen Sie den Finger auf einen wahrhaft wunden Punkt, fast schon eine Narbe, die noch ganz frisch ist. Ist das doch eins der Hauptprobleme. Hm, also: Wie komme ich damit klar? Ich versuche in sie zu dringen und ein für allemal herauszukriegen, was genau damals ... Doch sie macht es mir wirklich nicht einfach. Sie macht es niemandem einfach. Nicht einmal sich selbst. Da kann ich noch so subtil daherreden, noch so ... noch so ... noch so ... aber ihre Verbindung zur Welt brach phasenweise zusammen. Sie war auf sich, die Welt, die sie wahrnahm, auf sich selbst zurückgeworfen. Und diese Welt war für sie (und übrigens auch oft für mich) ohne Sinn. Denn in jenen gewissen Zeiten sah sie das eigentliche Wesen der Dinge. Sie betrachtete die Häuser und sie hatten ihre herkömmliche Bedeutung verloren – das heisst, alles, woran wir denken, wenn wir ein Haus sehen, an einen bestimmten Baustil, die Beschaffenheit der Zimmer, hässliches Haus, bequemes Haus –, alles das war verdunstet und hatte nichts zurückgelassen als eine absurde Hülle, so wie nur ein absurder Klang bleibt, wenn man ein Wort, auch das gewöhnlichste, ausreichend lange wiederholt, ohne auf seine Bedeutung zu achten: Ekel, Eiikel, Eeiikell. Mit Bäumen, mit Menschen war es ähnlich. Sie begriff den Horror eines menschlichen Gesichts. Anatomie, Unterschiede des Geschlechts, Vorstellungen wie «Hände», «Füsse», «Hüte» – all das galt urplötzlich nichts mehr, und was sie vor sich hatte, war ein Etwas – also kein Geschöpf, denn das ist ja auch ein menschlicher Begriff, sondern ein Etwas (dies als hoffnungslos metasprachlicher Begriff), das sich vorbeibewegte. Vergebens suchte Véra Frau zu werden über ihr Entsetzen, indem sie sich erinnerte, wie sie einst als Kind beim Aufwachen ihre noch schläfrigen Augen hob, während ihr Hinterköpfchen fest auf ihr flaches Kissen gepresst lag, und ein unbegreifliches Gesicht sah, das sich über das Kopfende des Bettes neigte, ohne Nase, mit einem

Hexenschnauz unmittelbar unter seinen Tintenfischaugen und mit Zähnen in seiner Stirn. Mit einem Schrei setzte sie sich auf, und auf der Stelle wurden aus dem Schnurrbart Augenbrauen, und das ganze Gesicht verwandelte sich in das ihrer Mutter, das sie ungewohnterweise zuerst verkehrtherum zu sehen bekommen hatte. – Auch bei jenen späteren Momenten versuchte Véra sich im Geiste aufzusetzen, damit die sichtbare Welt wieder ihre alltägliche Haltung einnähme – aber sie schaffte es nicht immer. Im Gegenteil: Je näher sie sich gewisse Dinge ansah, auch Leute, desto absurder wurden die Anblicke. Zeitweise überwältigt suchte sie Zuflucht bei einer fundamentalen Idee, gewissermassen einem Backstein, mit dem sie den Wiederaufbau der einfachen, natürlichen, gewohnten Welt, wie wir sie kennen, hätte beginnen können. Zu diesem Zeitpunkt ruhte Véra sich, glaube ich, auf einer Bank in einer öffentlichen Anlage aus. Kaum, dass sie da etwas wahrnahm. Zumindest nicht derart, was man gemeinhin so als «wahrnehmen» bezeichnet. Denn sie kannte nur noch ein Bedürfnis: nicht verrückt zu werden. Sie durfte nicht! Sie konnte doch nicht! Sie war überzeugt – das erzählte sie mir später –, dass niemand jemals die Welt so gesehen habe, wie sie sie in jenen Augenblicken sah, in ihrer ganzen entsetzlichen Nacktheit, ihrer ganzen entsetzlichen Sinnlosigkeit. – Und plötzlich wurde es noch schlimmer. Sie gab, ja, sie gab eigentlich den Kampf auf. Sie war nicht länger Mensch, sondern ein nacktes Auge, ein richtungsloser Blick, der in einer absurden Welt umherschweift. Schon beim Anblick eines Hundes hätte sie am liebsten geschrien. – Bis sie – wer weiss, wo in diesem Park, falls es denn überhaupt einer war – sich in einem Spiegel selbst sah: Es war, als sähe sie sich tatsächlich doppelt: Sich selbst, die sie wie von aussen sah, und doch auch ihre Doppelgängerin im Spiegel, die sie aus den Augen der Person sah, die vor dem Spiegel stand. – Aber dann stand sie plötzlich alleine: Ihr Doppelgänger starb. – Zurück blieb das Bild im Spiegel und eine Sichtposition, von der sie wieder bloss an sich herabblicken konnte, sich nicht mehr von hinten auf den Hinterkopf blicken. – Und rings umher verlöschten Lichter. So wie Lichter erlöschen, eins hier, eins dort, auch zu zweit und zu dritt, dort, in den Fenstern eines Hauses, wo Menschen zur Ruhe gehen. So ging auch ihr Geist noch einmal zur Ruhe, im Wissen, dass nie viel fehlen würde, nie viel, um … aber die Lichter waren Lichter, Lichter, wie sie andere Menschen sehen konnten, wie sie andere Menschen auch in diesem Augenblick sehen konnten, damals, kurz bevor sie sich entschloss –

FRAGE: Das ist alles recht und in Ordnung, aber –

ANTWORT: Ja, warum schreibe ich so? Wenn Sie den Nachtrag gestatten? ... Wissen Sie, es ist heute auch so, dass einem Schriftsteller viel zu wenig bezahlt wird. Ich gehe da nicht weiter darauf ein. Aber bei dieser Art von Bezahlung will ich zwar nicht schlechter schreiben – ich brauche mindestens so viel Zeit für diese Art von Text wie für «einfache» Texte. Aber dieser auf den ersten Blick nicht kohärente Text, dieser sperrige, seltsame Text, er ist für mich eine Knacknuss, die ich den Leserinnen und Lesern übergebe. Ein bisschen als Ausgleich für die viel zu geringe Entlohnung. Sollen doch nur jene Lesenden Spass dran haben, die eine Herausforderung suchen. Der Rest kann mir mit dem Geld, das ihnen fürs Essen immer so locker aus der Tasche hüpft, bei den Büchern aber beharrlich drin steckenbleibt, zumindest für diesmal gestohlen bleiben.

FRAGE: Und ihre Krebsverse entdecken?

ANTWORT: Ja, das vielleicht auch.

FRAGE: Aber den Nobelpreis wollen Sie damit nicht auch noch verdienen, oder?

ANTWORT: Was?! Ich will meine Ruhe, das ist alles. Und das machen, was mir einigermassen Freude bereitet. Oder zumindest keine psychischen Schmerzen. Das Ding hier bin trotz allem Ärger, der hineingepackt worden ist, vielleicht gerade deshalb, ich selbst. Das hier bin also ich. Ich. Ich.

FRAGE: Höre ich da eine Reminiszenz heraus an einen deutschen Dichter des 20. Jahrhunderts, der von einigen Deutschen recht gerne gelesen wird, weil er spassig sein soll?

ANTWORT: Ach, lassen Sie mich nun in Ruhe. Es gibt auf die Art und Weise nichts mehr zu sagen.

FRAGE: Ja, aber ... was werden Sie denn nun tun, wenn Sie in dieser Letternwelt nicht mehr existent sind?

ANTWORT: Das erlegte Mammut anrichten.

Da schritt Véra gleich viel zügiger aus. Und traf in *** einen Liedermacher. Der sang ihr ein Lied über einen Käfer, der den Tautropfen sucht. Er folgt dem Tropfen eine Blattspitze hinab, wobei er das Blatt mit dem eigenen Gewicht mehr und mehr gen Boden senkte und so den Tropfen schliesslich zu Fall brachte. Ach, alles, alles war vergeblich. Da blieb ihm nichts übrig, als umzukehren und für heute nach Hause zu krabbeln, wo alles noch in Ordnung schien. *Nein, Marilin, so ist es nicht! Sie wird zuhause nicht einfach wieder glücklich sein. Weiter weg meint nicht, dass es nur ein weiter Weg ist. Soll der Liedermacher etwa ein Lied singen, dass ihr rät, sofort nach Hause zu gehen, denn dort finde sie das wahre Glück? Du weisst doch ebenso gut wie ich, dass dies Quatsch ist …*

Und sie wanderte weiter. In *** traf sie eine auf einem Podest, die rief laut in der Gegend herum zu Bäumen und Ampeln, es werde da kommen eine Zeit, da den Nonnen und Patern vorgeworfen werden wird, dass sie ihre Arbeitskraft verschleudert hätten für nichts und wieder nichts. Es werde kommen die Zeit, da der Papst nur noch eine Schreckgestalt der Sage sein werde, weniger Wert als alle Helden von vorvorgestern.

In *** traf sie S. von W., der ihr von Lisa vom springenden Brunnen erzählte. Und von der Jungfrau vom versiegenden Schlund. Da lernte Véra, dass Geschichten nichts sind für die Lesegaumengeilen, jene, die geil sind auf literarische Leckerbissen, Feinkostlürik, typographische Hummern, Wortlangusten und Geistesschlotz. Vielmehr für jene, die venezianische Tränen mögen. Oder Mondtränen im fahlen Licht des Frühsommers.

In *** traf sie einen Wissenschaftler. Von dem sie endlich einmal klipp und klar hörte, warum ein Wissenschaftler andere Wissenschaftler so lieben könne: weil sie so seien wie er selbst, den er eben schätze, und das aus zwei Gründen: eins, weil er im spezialisierten Wissen eine Art Glück zu finden vermöge, und zwei, weil er nie in die Versuchung komme, einen unbegründeten Mord zu begehen. Nie? Nie.

In *** fräste ein Krankenwagen an Véra vorbei. Hinten drauf stand einer der Sanitäter und schrie der Welt das vor, was der gerade Sterbende ihm zu schreien befahl, als letzte Botschaft an die Welt: Er danke der Welt, er danke den Menschen, die lieb zu ihm gewesen seien. Ach. Kurz vor dem Spital kratzt der drinnen tatsächlich ab.

In *** traf Véra einen «Entferner von weissen Flecken». Was er denn so mache? Na, ob das so schwer zu verstehen sei? Er entferne eben Flecken. Weisse Flecken.

Auf weissem Hintergrund? Sie solle nicht albern tun. Aha.

In *** traf sie einen, mit dem sie schon im Zimmer stand, der allen beschlafenen Frauen einen Brandstempel auf den Bauch drückte, etwas unterhalb des Bauchnabels: «D. R. was here». Ob er das lustig finde? Da fickte er sie halt nicht.

In *** sah sie welche, die standen wie weisse Striche im Nebel. Verlorene Seelen am Ufer des Styx. Das ging ihr durch den Kopf, Véra. Die Körper verfliessen vor Sehnsucht und Verzweiflung. Weiss in weiss schauen sie in eine verlorene Welt.

In *** meinte Véra, Poseidon zu sehen. Sie wusste zwar nicht, war's im Traum, war's in echt? Aber er sagte ihr, sie solle ihre Biographie später schreiben unter dem Titel: «Mein Leben liegt in den Armen der Wellen». Ganz sicher aber solle sie – wenn sie stürbe – sich auf einem Floss auf dem Meer anzünden lassen als Leiche: Feuer und Wasser, Wind und Erde (die man dem Floss noch mitgeben solle).

In *** traf Véra einen alten Mann mit einem lieben, milden Gesicht. Und doch ahnte sie bei seinem Anblick sofort, dass hinter diesem Gesichtsausdruck Schreckliches verborgen liege: Prestuplenije/nakasanije. Schuld und Sühne. Oder Verbrechen und Strafe. Oder ...

Vor Angst lief sie weiter, ohne gefragt, ohne geforscht zu haben. Um plötzlich – *plötzlich* – Plötzlich: auf einen nackten Toten am Wasser zu stossen. Sie wusste nichts weiter zu tun, als ihm das Gesicht zuzudecken, obwohl er sonst nackt war. Aber das Gesicht wirkte am traurigsten.

Und in *** traf sie –

Nein. Nein! NEIN!!! Du musst lernen, nicht in Panik zu fliehen, wenn alles still ist im Haus und die Wände wieder zerfliessen. Du musst lernen, den Schneeflocken ruhig entgegenzuschauen, als sähe man in die Stacheln eines riesengrossen Igels. Du musst lernen, Ruhe zu bewahren, wenn – L'aurore grellotant en robe rose et verte – wenn es morgens in der Früh ist und Du wieder nicht weisst, was Du heute alles erdulden müssen wirst ... wenn Deine Ängste alle miteinander sich in Deinem Kopf aufmachen, um sich in Deinem Körper unschön zu verteilen, ihn zu verleiten, unter Autos zu hüpfen, vor Züge und in die Schrauben von Schiffen. Du musst Deinen Augen nicht das Rot gönnen, das sie sich vorstellen, wenn sie so eine Schiffsschraube sehen, wie sie langsam davonzieht im wellenbewegten Spiegel des Daseins. Lass – Reklame: Mit uns findet Ihr Abwasser den richtigen Weg – das Abwasser Deines Kopfes den falschen Weg finden, den Weg, der die bösen Gedanken am Herzen vorbeileitet, vorbei, vorbei, vorbei ...

Was leben wir in uferlosen Zeiten?! Was soll ich kleines Mädchen in dieser grossen Zeit? Was sollen wir alle – wir kleinen Wichte – in der grossen –

Der kleinen Gesellschaft ... in dieser kleinen Welt also, in dieser kleinen Welt suche ich nach –

Aber da wird noch viel Tinte den Füllfederhalter runterfliessen, bis dass die Leserinnen und Leser eines Romans wirklich goutieren, was die modernen –

Altmodisch! – Äh!: Altmodisch! ...

Soso ...

Und in *** traf Véra also –

Einen, der nur noch seine Notizen, nur sein Geschreibsel noch aufsteckte, nicht mal einzelne Perlen, bloss, ach bloss noch ... aber man sehe doch selbst, man staune selbst, wer bislang noch nicht staunte, staune also jetzt, staune jetzt und für immerdar, wie wahr, wie ... eben:

Das hat es einfach, das wird ihm gezeigt. Dem Fluss nicht. Und mir? Oder:

Oxumare: Herr über das Süsswasser, über Brunnen, Bäche, Quellen, Regenbogen, über ... Oder:

Bei einem Toten, mit dem und bei dem sie ganz allein ist: Sie wollte ihm etwas sagen, Trost spenden, etwas Richtiges aussprechen, etwas mit Flügeln und einem Herzen, aber die Vögel, die sie sich wünschte, liessen sich auf ihrem Kopf erst nieder, als sie allein war und sie nicht mehr brauchte. Oder:

Helvetia lässt sich vom Einhorn (vom Horn) vögeln: eine Künstlerdarstellung? Oder:

Sie isst Zeit – s'isst Zeit, s'ist Zeit ... Oder:

Diese herzzerreissenden Träume verwandelten die eintönige Prosa seiner Gefühle für sie in starke, fremdartige Poesie, deren verebbender Wellenschlag ihn den ganzen Tag über verstörte und damit den Schmerz und Reichtum wiedererweckte ... Oder:

Ein Flugzeug schwamm durch das Blau. Oder:

Denn sie waren mit Zärtlichkeit und der Sehnsucht durchtränkt, seinen Kopf in ihrem Schoss zu bergen und die monströse Vergangenheit hinwegzuschluchzen. Oder:

Noah und sein Pakt mit Gott (Regenbogen): Er WILL die Welt fluten lassen: Raketen in den Himmel, die die Pole schmelzen lassen. Ist es nur ein Traum? Oder:

Wollte ich den Eigenwillen des Stroms kennenlernen ... – ICH MEINE ... – ! – HE!

Ich meine: die Eigenheiten des Stroms kennenlernen, will sie, will sie, will sie ... des Wassers, so musste sie ihrem Lauf flussaufwärts nachgehen.

JA, DAS WEISS ICH DOCH SCHON!

Das weiss sie doch schon!

Das weiss sie schon! Das weiss sie schon. ... Also:

Sie wünschte sich eine Schleuse für ihre Hirnkammern. Wo sie das Wissen einfliessen lassen könnte, bis es, randvoll, sie eine Stufe höher bringen würde ... Oder:

Die schlanken Birken strecken sich zum Licht, ein Hohn und verächtlicher Spott den dürren, langweiligen Akazien, die man den Strassen entlang pflanzt ... Oder:

Die Busse voll kugelrunder, Bier saufender, Fussballparolen grölender Männer, lärmender Schulkinder und verspäteter Hausfrauen, die der Versuchung des Marktes nicht haben widerstehen können ... Oder:

Sie küsste ihn auf seinen geradezu bestialisch sinnlichen Mund! ... !! ... !!! ... Oder:

Die Steinfigur oberhalb des Portals: Der Kopf war, im Gegensatz zur saftigen Realität der etwas üppig hängenden Brüste, mehr surrealistisch konzipiert. Sie hatte nur ein Auge, ein einziges grässlich schielendes Auge ... : Helvetia! Oder: Justitia?! ... Oder:

Auf einer Brücke wohnen, wie in Paris: Flussaufwärts schreiben, stromabwärts schlafen, bei jedem Blick durchs Fenster die Bestätigung, dass einem beim Schlafen und Arbeiten unter den Füssen die Zeit davonfliesst. ... Oder:

Do re mi fa so la ti do (Wasser – Wassre – re – ressaw) ... Oder:

7 (?) Farben Regenbogen (Gegenregenbogen?) ... Oder: LAND PUNT (weitere Wassermärchen!) ... Oder:

Véra lief vorbei an Buden, die Scheiben hochgefüllt mit wiehernden Grimassen, die Türen schwingen im Geläut des Saufens. Oder:

Wenn die Welt als runde und ganze nicht mehr recht aufgehen will, im dunklen Meer des Weltenalls, dann heisst es Abschied nehmen, Abschied nehmen von ... Nein! ... Oder:

Einmal noch: beruhige dich. Überleg, wie du weitererzählen willst ...

Weiter erzählen, weiter ... Oder:

Wie wär ein Reliquiar mit der Vorhaut Jesu? Abgeschnitten zu jenem segensreichen Tag, als –

Ach gottchen ...

Der klingende Atem geht wild hervor aus dem Mund. Die schlanken, dünnen, kahlen Bäume jagen sie weiter. Kaum bleibt Zeit für in warmer Schokolade ertränkte Träume der Freiheit. Die Welt daut an an der Hölle. Und die betrunkene Strasse, die trunkene Strasse, die Strasse schwankt trunken. Véra springt, Véra eilt, bis sie die Gewitterblume pflücken kann: Wenn frau sie pflückt, gewittert es! ... Oder:

Die Sinnlosigkeit des Spätherbstes prasselt auf sie ein. Oder:

Und da sieht sie Quecksilber auf den Pflanzen. Da braucht sie doch gleich eine Sonnenscheininfusion durch das Wolkenfenster.

Und das, das geht an die Kritiker, die Kritikaster, die ...: die Kritiker, diese sabbernden Salbader! ... Oder/ Und:

Die Wälder sterben und die Wasser, und eine Katastrophenmeldung fliesst in die nächste ... ... Oder:

Meerheitlich! ... Oder:

Die Sonne durchstiess wie mit einem blanken Dolch das dumpfe Blau. Oder:

Wenn sie einen Stein ins Wasser wirft, was bleibt dem Wasser als Erinnerung? Geht die Erinnerung auch den Fluss hoch? Kann ein Fisch das Ganze dem Quell erzählen, nachdem er hochgeschwommen ist? Oder versteht er seine Umgebung ebenso wenig wie wir? (Sie halluziniert, weil halb am Ertrinken!) Oder:

Ein Fisch, der klagt, in einer Reuse aus Fragen; ein Vogel, der nicht singen will, in einem Netz aus vorgefertigten Antworten ... Oder:

Was hast Du von Deiner Pilgerreise erwartet, Alma? – Ich meine: Véra. Sympathie von einem alten Stein, unter dem ein junges Wässerchen hervorsprudelt? ... Sie geht nach Hause, wartet auf das Wunder des Nachhausekommens, wenigstens dies, aber nichts, es ist nichts, alles leer, mehr als zuvor. ... Oder:

Sie hat die Uhr wie einen Rosenkranz in der Faust – und küsst das Zifferblatt. Oder:

Kraniche im Oktober, Okt–?! Aber die gab es doch bei uns sonst gar nicht!! Oder:

Schnee, Schnee, Schneegestöber: wie Sterne, die vom Himmel fallen, wie – ... Oder:

Ewige Vergänglichkeit / Alles vergeht so schnell / Was gibt so viele, was ist denn schon die eine, die eine, die eine, die ... Oder:

Unter jener Art von leichtem Schauer hindurch, des Herbstes rasche Bleistiftskizze, des Winters ... Oder:

Der Mensch in drei Lebensetappen: –

Das hatten wir! Das hatten wir schon! Und ich, und ich hab's etwa, hab's etwa bald mal –

Der Mensch in drei Lebensetappen: gu gus / glu glu / patsch patsch. Dann setzt er mit dem Nah – na – Nachen über; entrichtet seinen Obulus. Späht in die Düsternis hinein. Oder geht singend wieder zurück. Ja, und oder:

Ja, eine dunkle und doch blaue Höhle mit Wasser, mit schwefligem Drachengift, das aus dem nebligen Gewölbe herabtroff, die Seelen der Fische zu martern, die Seelen der ... Oder:

Da kommt, da fliegt das Sterbevöggeli, der Seidenschwanz, der Pi-Pa-Vogel, der Pi-pa ... Oder:

Ein Tier, das Tier, dies Tier stirbt an der Quelle? Vor ihr, vor Véra? Wieso denn das, warum denn dies?

Alk, Alko, Alkohol: das blaue Haus auf rotem Grund unter grünem Himmel ... Oder:

Er sprang davon, seinen Schal mit allen seinen Sternbildern hinter sich herschleifend, Kepheus und Kassiopeia in ihrem immerwährendem Glück und die hellglänzende Träne Kapella und Polaris, die Schneeflocke, und das grauschimmernde Fell des Grossen Bären und die ohnmächtigen Spiralnebel, und der fliehende Dominik und ...

Und?

Oder:

Sie – also Véra – trifft einen Schriftsteller, der immer an diesen Wasserzusammenfluss kommt (wie Joyce bei Sihl und Limmat), weil hier sein einziges bekanntes & bewundertes Gedicht entstanden ist, weil hier also die ... Oder:

Ja, Wasser-Texte sind verwandeltes Weinen, das Weinen von Generationen von Lesern, von Schreibenden, von Schriftstellern, von Menschen, die wissen, was es heisst, sich an seinen eigenen Tränen zu laben, sich ... JA, WASSER-TEXTE SIND VERWANDELTES WEINEN, SIND ... sind ... Wie soll man es bloss sagen? Wie lässt es sich überhaupt sagen? All dies? WAS? – Na: was?! All das, was so schwer, so unendlich schwer zu beschreiben ist: das Leiden, das Weinen, die Tränen, der Fluss des Wassers durch die staubige Schicht vertrockneter Herzen, die nichts wissen wollen davon, dass es Menschen gibt, die nicht so sind, wie sie eben sind, sondern die so sind, wie sie eben nicht sind, sondern eben so, wie sie eben sind, also nicht wie die anderen, die ersten, sondern eben wie sie, sie selbst, also wie die zweiten ... aber die Ersten verstehen die Sprache der Zweiten nie. Nie verstehen sie, was gemeint ist damit, wenn jene ausholen, ihr Leben, ihr Denken, ihr Fühlen zu beschreiben. Zu erzählen davon, was es zu erzählen gibt. Zu ... aber eben ... Oder:

Mit ihren Tränenbächen, die sie, selbst von Blut triefend, in jener Nacht über dem verstümmelten, schreienden Reh vergossen hatte, das in die blendenden Scheinwerfer des Wagens gestürzt war... sie hielt es nimmer aus und brachte sich einige Wochen später selbst um.

Es war Sonntag. Die Kirchen kläfften Véra an wie lausige Strassenköter. Oder:

Sie blickt auf das Krematorium: Wer das wohl sein mag? Der Rauch? Und wie also funktioniert sie? Oder:

Über die Brücke: Nur ein Schatten von Neptuns Zwillingsbruder erinnerte an das Dunkle auf der Welt. Oder:

Sie erstarrte und spürte, wie ihr älteres, mit einem tropfenden Talglicht die Treppe erklimmendes Herz stolperte. Oder:

Einen gefährlichen Augenblick lang fühlte er wieder die heisse schwarze Sturzsee des Schmerzes, und fast zerfloss der Raum. Oder:

Wie wollte sie sterben: Ohne Fallschirm ins Meer springen! Oder:

Der gewöhnliche Kiesel, den man in der Faust findet, wenn man seinen Arm bis zur Schulter ins Wasser gestossen hat, wo ein Edelstein auf bleichem Sand zu glitzern schien, ist in Wirklichkeit der begehrte Edelstein, auch wenn er wie ein Kiesel aussieht, da er in der Sonne trocknet. Sagte der Vater zu ihr. Früher.

Verkrebste, gefässverstopfte Menschheit etc. ... Oder:

Die wässerigen Krambuden seines Herzens ausstellen ... ... Oder:

Tra il dire e il fare c'è di mezzo il mare!

Ja. Ja, genau!

Oder:

Stell es doch gleich als Aufgabe, Hornochse!

Ah, die Idee ist gar nicht so übel. Ich bin ein viel zu schlechter – viel zu wenig guter ... – Schriftsteller, als dass ich diese Idee nur für mich verbraten darf. Ich sollte sie echt nach aussen bringen, dorthin, wo sie nahezu perfekt verwendet werden kann, wo sie –

JA: WO SIE, WO SIE ... ! WO? WO IST SIE DENN, HÄ?!

Man sollte die berühmte Balkon-Szene aus Romeo und Julia verwandelt schildern: Dass Katzen da oben sind, auf dem Balkon, und sich ... man denke an das Potential, an die Möglichkeiten, die hieraus zu schöpfen ... die mit und aus dieser Schöpfung entspriessen ... dem Wasser enthüpfen könnten ... die, ja, die ... hm ...

HA HA HA!

Und dann den Abstieg in die Unterwelt. Denn der grosse Sündenfall muss doch noch gesühnt werden, muss doch noch –

MUSS DOCH NOCH? –

Den Convention Code of Writing, diesen Code finden. Kreieren? Auf der Suche nach dem neuen Code, der sofort beim ersten Lesen «conventional» wäre, also durch und durch verständlich. Also etwa das Leser-ans-Hirn-Anhängen von –

WEITERE TROPFEN IM FLUSS. NUR EINER MEHR, DER FLIESST UND FLIESST UND FLIESST UND NIE WAS ERREICHT! NIE! ABER AUCH NIE!

Tropfen im Fluss! Tropfen im Fluss! Ja, nichts als Trop-

fen im Fluss. Es kommt aber drauf an ... – – – ... ja, worauf kommt es an? Worauf kommt es ...? Kommt ...
   ...

   Wo SIE *war, soll* Ich *werden. Es ist Kulturarbeit etwa wie die Trockenlegung der Zuydersee. Es ist, es ist, es ist der ganz persönliche, der nun wirklich private, der –*

Ist sie Fisch? – Ist sie Wasserfrau? Ist sie Neptun oder gar bloss eine Nymphe? …

Das Wasser rauscht', das Wasser schwoll, die Véra sass daran, sah nach dem Leben gehetzt, gehetzt. Und wie sie sitzt und wie sie lauscht, teilt sich die Flut vor ihr: Und aus dem bewegten Wasser rauscht ein feuchtes Weib hervor. Sie sang zu ihr, sie sprach zu ihr: «Was lockst Du meine Brut mit Menschennot und Menschensorg hinauf in Todesglut?»

DABEI FISCHT SIE GAR NICHT!

Ach, wüsstest Du wirklich, wie ein Fischlein fühlt, so wohlig auf dem Grund, Du stiegst herunter, wie Du bist, und würdest recht gesund. Labt sich die liebe Sonne nicht, der Mond sich nicht im Meer? Kehrt wellenatmend ihr Gesicht nicht doppelt schöner her? Lockt Dich der tiefe Himmel nicht, das feuchtverklärte Blau? Lockt Dich Dein eigen Angesicht nicht her in ew'gen Tau?» –

HAHA, DER NARZISST, DER ZIST, DER …

Das Wasser rauscht', das Wasser schwoll, netzt' ihr den nackten Fuss; ihr Herz wuchs ihr so sehnsuchtsvoll, so sehnsuchtsvoll, ach wie bei des Letztliebsten Gruss. Oh, und oh und wieder oh: Sie sprach zu ihr, sie sang zu ihr, da war's um sie geschehn; halb zog sie sie, halb sank sie hin, und ward nicht mehr …

DAS GROSSE ERZÄHLEN, DAS GROSSE ERZÄHLEN SOLL WIEDER BEGINNEN! – AUCH WENN ES EHER KLEIN SEIN WIRD: ALLES GROSSE FING MAL – FING MAL AN ... FING MAL KLEIN AN ... FING AN:

Da träumte Véra davon, dass sie in einem Labor den Wunsch ihres Lebens erfüllen konnte: Sie setzten ihr ein in vitro-gezeugtes Kätzchen ein, in die Gebärmutter. Auf dass es dort niste, wachse und dann nach einiger Zeit geboren werde. Und the old cheb wuchs und wuchs und war nicht dabbling, im Gegenteil, old reppe mouldawte im Ultraschall ganz schön daher wie in einem Saale, während Véra ab und ab ganz schön dneeperte und gangreste, aber schliesslich machten die Ärzte Loch mit Neaghter und holten sie raus, die Katze: Ach, es war eine Perserin. Und sie nannte sie Maika. Maika, mein Traum. Aber was sonst bleibt mir vom Leben?

WAS SONST?

Ja, das sind so Träume.

Am Morgen danach fühlte sich Véra krank. Sie blieb, wo sie gerade die Nacht verbracht hatte, und kroch ab und zu zur Toilette, wo sie sich fürchterlich übergab. Mittags ging es ihr derart schlecht, dass sie nur noch die

Arme aus dem Bett brachte, um nach dem Kotzkübel zu greifen, am Boden. Abends konnte sie mit einer Art Gehhilfe, einem Besen, auf den sie sich stützte, wenigstens wieder bis zur Toilette gehen.

Ach, Véra wollte – kam es ihr in den Sinn, als sie wieder mal krampfartig über den Toilettenrand gebückt kniete – doch an der Quelle wieder eine Art Kind sein, eine Wiedergeburt erleben, sozusagen. War dies nun eine Quelle, die sie in ein anderes Reich führen würde? Eines, um das sie schon längst wusste? Und war der Traum davon, in eine bessere Zukunft zu gelangen, als sie sie vor wenigen Monaten noch vor Augen gehabt hatte, war das alles ein eitel Traum? Meinte das alles das Ende hier, ein Neuanfang im Unbekannten? Ach, wir wollen doch alle immer bloss einen Neuanfang im Altbekannten. Nie einen im Unbekannten. Nie einen im radikalsten Sinn. Ach, ach ...

Véra presste sich die Hände fest auf die Augen. Sie wartete auf den Moment der Glückesblitze, die sie immer sah, wenn sie das tat, seit ihrer Kindheit. Oh, die Blitze waren so hell wie noch selten. Wie nie? Warum? Egal. Sie hatte wieder Lebensmut, zumindest für die Wanderung, für den Gang zur wirklichen Quelle. Dahin, wo sie seit Anbeginn gehen wollte. Und also würde sie die Omar-Moschee und die Pyramiden doch irgendwann einmal sehen ...

ABER DENNOCH, ICH SCHREIBE MIT AUGEN, DIE DIE

AKROPOLIS GESEHEN HABEN. UND ICH WERDE GLÜCK-
LICH WEGGEHEN. HAH!

Die Vision vom Paradies:

Wie die Politiker und Marktführer vor Petrus stehen, fragt er sie alle die gleiche Frage. Sie antworten alle ungefähr gleich, etwa so: «Ich habe Geld angehäuft, da ich begriff, dass ohne Geld nichts Heiliges und nichts Weltliches ausgeführt werden kann. Gutsbesitz habe ich dem Heiligen Stuhl zurückerschlichen und in einem Kriegszug vorher nie besiegte Städte zermalmt. Muslime habe ich nach den Qualen eines lang dauernden Krieges fast ins Verderben gelockt. Schliesslich habe ich die Franzosen, die ein Schrecken für den ganzen Erdenkreis sind, gänzlich aus meinem Land verjagt. Mein Ansehen und meine Schlauheit hatten solchen Einfluss, dass es heute keinen muselmanischen König gibt, den ich nicht zum Kampf herausgefordert habe, nachdem ich alle Verträge gebrochen, zerrissen und vernichtet hatte. Ausserdem habe ich, obwohl ich ein grosses Heer hielt, grossartige Triumph-Feste abgehalten, sehr viele Spiele veranstaltet, an sehr vielen Orten Bauten errichtet und dennoch bei meinem Tod fünf Millionen Dukaten hinterlassen. Obwohl ich schon im Sterben lag, habe ich doch eifrig dafür gesorgt, dass die Kriege, die ich auf der ganzen Welt angestiftet habe, nicht beigelegt werden. Solltest Du Dich nun weigern, mich, der sich so um Christus und die Kirche verdient gemacht hat, die Pforte des Himmels zu öffnen?»

Darauf antwortet Petrus, dass er zwar viele hereinlasse, aber nicht einen solchen Unhold! Der hätte ja tüchtige Männer und unermessliche Geldmittel und wäre doch auch ein guter Wirtschafts-Bauherr, also könne er sich ja sein eigenes Paradies errichten.

In der Schweiz also, mitten im Herzen Europas, in Europas Erdenschwere, quasi in Ruritanien, oder wo immer sie sich befand, passierte, ohne dass sie es recht merkte, das Aussergewöhnliche, das Langerwartete, das, was jeder Mensch in seinem Leben, jede Reisende auf ihrer Reise so sehnlich sich erwünscht: Sie sah vor sich, vom kleinen Bach ausgehend, der den Namen Fontanne trug, einen kleinen Regenbogen, oder eher einen schmalen Regenbogen ausgehen, der in den Himmel stieg, hoch hinauf, höher und höher, weiter als jeder Blick reichte, weiter, als man überhaupt sehen konnte.

Véra wusste nicht, wie ihr ward. So glücklich fühlte sie sich plötzlich, so frei, so gewiss, ihrem Ziel nah zu sein, ganz nah. Absichtlich zögerte sie es hinaus, überhaupt auf die Stelle zuzuschreiten, wo der Regenbogen das Wasser süsslich küsste. Sie wusste ja, dass er für sie da war. Sie wusste ja, dass er warten würde, bis sie auf ihn zutrat, bis sie ihn betrat. Es war ihr Zugang in den Himmel des Lebens, ihr ganz eigener Pfad ins Licht, in die Höhe, dahin, wo niemand ihr folgen konnte, der nicht wie sie war, niemand, der ihr noch Schmerzen bereiten konnte, niemand, der ihr folgen mochte, der ihr folgen konnte, der ihr … ja, ja, Véra war weg.

Glücklich, überglücklich betrat sie den Regenbogen. Genüsslich tat sie die ersten Schritte, majestätisch, sagte sie sich, spazierte sie langsam die Farben hoch, ihre zierlichen Füsschen immer wieder auf eine andere Farbe des Bogens setzend, alle mal ausprobierend, die verschiedensten Varianten durchspielend. Dazu vergass sie aber nicht, ab und zu nach unten zu blicken, quasi der Erde Auf Wiedersehen zu sagen – oder eben nicht. Sie würde ja der Welt endgültig den Rücken kehren können, nachdem sie die Brücke der Farben bis in den Himmel durchschritten hatte. *Ah, ich sehe sie vor mir, wie sie auf meiner Schreibfeder, dem Steckenpferd der Poeten, wie sie darauf den Regenbogen hochreitet ...*

Und da – ja, da!, sah sie weit draussen in der Nordsee, oder war es die Ostsee, da sah sie Knugges Kraweel in den Sonnenuntergang treiben, langsam, gemächlich, und Knugge, ja: wahrhaftig!, Knugge stand auch da und schaute zu ihr hoch! Ja, ja, sie sah ihn, er sah sie, sie sahen es, sie erkannten einander, und jetzt!, jetzt winkte Knugge doch tatsächlich, winkte zu ihr hoch, die auf dem Regenbogen balancierte, und mit beiden Armen winkte sie zurück, winkte wie verrückt zurück, dabei ihr Gewicht ausbalancierend, damit sie nicht fiel, aber davor hatte sie keine Angst, jetzt kannte sie keine Angst mehr, sie fühlte sich stark, fühlte sich frisch, fühlte sich mutig, fühlte sich, fühlte sich göttlich: sie winkte, sie lehnte sich weit über den

Regebogen hinaus, mit dem Oberkörper, winkte, winkte und winkte ...

... bis sie, bis Véra den Halt verlor, bis sie kurz rutschte, rutschte, mit dem Oberkörper deutlich das Gleichgewicht verlor, mit dem ganzen Körper das Gleichgewicht verlor, wegrutschte, wegglitt, und dann fiel, erst langsam, dann schneller und dann, dann plötzlich wieder langsamer, bis sie fiel, und fiel, fiel und fiel, ja, bis sie langsam aufs Wasser zufiel, der Wasseroberfläche, der Erdoberfläche, dem Wasser, dem Aufschlag entgegen, dem

Grossmütige Tränen füllten Gabriels Augen vor der Pforte zum Himmel. Er hatte keiner Frau gegenüber je Ähnliches empfunden, in so kurzer Zeit, aber er wusste, dass solch ein Gefühl Liebe sein musste. Die Tränen strömten ihm dichter in die Augen, und in der teilweisen Dunkelheit, die wie immer von der Hölle heraufkroch, wenn man sie am wenigsten brauchen konnte, glaubte er die gebückte Gestalt eines jungen Mannes unter einem triefenden Baum zu sehen, eine Harfe unter dem Arm, einen Schreibblock und Stift in den Händen.

Aber andere Umrisse waren nahe. Seine Seele hatte sich mit Kraft jener Region genähert, wo die unermesslichen Heerscharen der Toten ihre Wohnung haben. Er war sich ihrer unsteten und flackernden Existenz bewusst, aber er konnte sie nicht fassen. Sie kamen zwar alle an ihm vorbei, wurden eingelassen oder abgewiesen, aber seine eigene Identität entschwand damit in eine graue ungreifbare Welt: die kompakte Welt selbst, die sich diese Toten einstmals erbaut und in der sie gelebt hatten, löste sich mit ihnen auf und verging.

Es pochte von drinnen ein paarmal leise an die Scheibe, und er wandte sich dem nächsten Wolkenfenster zu. Es hatte wieder zu schneien begonnen. Gabriel beobachtete schläfrig die Flocken, silbern und dunkel, die schräg zum Lampenlicht der Weltstrassen fielen, bis das Licht plötzlich ausging. Ja, die Zeit war für ihn gekommen, seine Reise gen Westen anzutreten. Die alten Weissagungen hatten recht: Schneefall auf der ganzen Welt. Und Gabriel würde seinen Posten verlassen und das Paradies und die Welt eine Zeit lang sich selbst überlassen …

Ja, saurer Schnee fiel überall auf die dunklen Zentralebenen, auf die baumlosen Hügel, fiel sacht auf die Küsten, Berge und Täler, auf die Seen und Häuser, auf die dampfenden Kamine und jubelnden Kinder; auf die Auto- wie die Velofahrer, und, weiter gegen Norden, fiel er sacht in die dunklen aufrührerischen Wellen des Meeres. Er fiel auch überall auf die wellenbewegte Fläche des einsamen kleinen Sees, wo ihr Vater bestattet lag. Er fiel in dichten Wehen auf die krummen Kreuze und Grabsteine des Dorfes, in dem Véra aufgewachsen war. Er lag auf den Speeren des kleinen Tors, auf den welken Dornen und den rostigen Wasserhähnen, an denen frühmorgens alte Frauen mit gebückten Rücken die silbrige Schlange in ein Gefäss liessen, mit dem sie langsam zum Grab ihrer Liebsten pilgerten. Er verdeckte langsam eine Welt, die die ihre nicht war, nie gewesen war. Und langsam, ganz langsam schwand auch Gabriels Seele, während er den Schnee still durch das All fallen hörte, und still fiel er, der Herabkunft der letzten Stunde aller Wesen gleich, auf alle Lebenden und Toten.

In Wirklichkeit hatte Véra wieder mal geträumt. Sie war nicht auf dem Regenbogen gewesen, sie war nicht dort gewesen, wo das weisse Rauschen durch die Dunkelheit taumelte. In Wahrheit war sie an der Abbiegung der Fontanne von der Kleinen Emme schon vorbei, vorbei auch an der Gabelung der beiden Fontannen, wo sie – wie sie erfuhr, als sie einen der Bauern in Gummistiefeln gefragt hatte, der kaum ihre Sprache sprach – der Grossen Fontanne folgte.

Ja, es war mühsam. Aber so nah beim Ziel durfte sie nicht aufgeben. Auch wenn die Schuhe völlig durchnässt waren, auch wenn der Frühling noch nicht so wärmte, wie er es eigentlich vermöchte.

Ja, Véra kämpfte, Véra rief ihre tief gespeicherten Kräfte ab und versuchte, sich zu motivieren. In einem Kampf, der, wie sie ahnte, vor allem gegen sich selbst geführt wurde.

Darum lassen wir sie kurz vor dem vermeintlichen Ende nochmals allein ihren Weg gehen und stossen erst wieder zu ihr, wenn sie schon …

Fast, fast war sie ganz oben. Sie hatte sich, sie hatte sich allem hingegeben, hatte die Marter mitgemacht, war zerschunden, war verletzt, war völlig durchweicht. Denn die Fontanne. Die Fontanne. Die meiste Zeit lag sie friedlich in ihrem halbleeren Bett. Wenn im Hügelland jedoch der Himmel sich dem Boden vermählte und schwere Gewitter niedergingen und die Bäche von allen Eggen herab und aus allen Gräben heraus quollen und ihre Bürden ins Bett der Mutter warfen, wurde aus dem sanften Schlänglein ein wütender Drache. Ein Ungeheuer, auf dessen Stirn ein grüner Zwerg sass, der dem Tier mit einem riesigen Tannenbaum die Richtung zeigte. Die Fontannenschlange. Im tiefsten Bauch der Alpen gefangen gehalten, brach sie los, wenn gewaltige Blitze die Wände ihres Kerkers spalteten. Jauchzend wie eine ganze Hölle. Als ob die Sintflut zurückgekehrt wäre. Mit Urkraft holte sie ihr Land zurück.

Und Véra. Fast. Dem giftgrünen Zwerg hatte sie bereits in die Augen gestarrt. Und es hiess, das wusste sie von ihr, ihrer Mutter, es hiess, wer dem grünen Zwerg einmal in die Augen geschaut!

Die Quelle. Endlich: die Quelle.

Wirklich. Tatsächlich.

Die Quelle.

Aber dann, dann –

War da gar nichts.

Nichts.

Da war nichts.

Ein Stein.

Etwas Wasser, das hervorkroch. In der Nähe ein kleines Seelein.

Aber sonst.

Müde kehrte sie um. Müde.

Nach Hause. Oder wie das hiess.